DIE AUFZEICHNUNGEN DES HILDESHEIMER DECHANTEN JOHAN OLDECOP (1493-1574)

REFORMATION UND KATHOLISCHE KIRCHE IM SPIEGEL VON CHRONIKEN DES 16. JAHRHUNDERTS

von

GÜNTER SCHOLZ

ASCHENDORFFSCHE VERLAGSBUCHHANDLUNG
MÜNSTER WESTFALEN

REFORMATIONSGESCHICHTLICHE STUDIEN UND TEXTE

In Verbindung mit Hubert Jedin, Theobald Freudenberger, Remigius Bäumer, Erwin Iserloh, Konrad Repgen und Ernst-Walter Zeeden herausgegeben von August Franzen

HEFT 103

Mit kirchlicher Druckerlaubnis
Nr. 305/6-39/71. Münster, den 6. Dezember 1971
Dr. Spital
Stellvertretender Generalvikar

Aschendorffsche Buchdruckerei, Münster Westfalen, 1972

ISBN 3-402-03710-6

MEINEN ELTERN

VORWORT

Im Mittelpunkt der vorliegenden Arbeit steht in Anlehnung an ein Wort Jacob Burckhardts der „duldende“ Mensch. Sie untersucht anhand der von der traditionellen Geschichtsschreibung bislang insgesamt zu wenig beachteten Quellengattung der Chroniken, wie sich die bewegten Ereignisse der Reformationsepoche bei einigen ihrer Zeitgenossen geistig niederschlugen, d. h., sie versucht vor allem, Urteils- und Denkweisen zu erhellen. Damit möchte sie einen Beitrag zur Kultur- und Sozialgeschichte des 16. Jahrhunderts leisten.

Die Arbeit wurde im Sommersemester 1969 von der Philosophischen Fakultät der Universität Tübingen als Dissertation angenommen. Angeregt wurde sie von meinem verehrten Lehrer, Herrn Prof. Dr. Ernst Walter Zeeden. Ihm gilt an dieser Stelle mein sehr herzlicher Dank für Einführung in die Historie und für wertvollen Rat in Lehrveranstaltungen und wissenschaftlichem Gespräch sowie für unermüdliche Förderung in vielerlei Hinsicht. Gern erwähne ich die langjährige Zusammenarbeit mit den Kollegen des Historischen Seminars Tübingen, deren Anregungen und Kritik auch dieser Arbeit zugute kamen.

Wertvolle Hilfe verdanke ich ferner dem Niedersächsischen Staatsarchiv Hannover, dem Diözesan- und dem Stadtarchiv Hildesheim.

Besonders dankbar bin ich außerdem dem Vorstand der „Gesellschaft zur Herausgabe des Corpus Catholicorum“ und Ihrem Vorsitzenden, Herrn Prof. Dr. A. Franzen, für die Aufnahme der Untersuchung in die Schriftenreihe „Reformationsgeschichtliche Studien und Texte“. Schließlich bin ich dem Verlag Aschendorff/Münster für gute Druckausstattung verbunden.

Ofterdingen b. Tübingen, im Oktober 1971

Günter Scholz

INHALTSVERZEICHNIS

QUELLEN- UND LITERATURVERZEICHNIS

I. Quellen

Chronik des *Johan Oldecop*, hrsg. v. K. Euling. In: Bibliothek des Literarischen Vereins in Stuttgart, Bd. 190, Tübingen 1891.

Acta nationis Germanicae universitatis Bononiensis ex archetypis tabularii Malvezziani ed. E. Friedlaender u. C. Malagola, Berlin 1887.

Album Academiae Vitebergensis, hrsg. v. C. E. Foerstemann, Leipzig 1841.

Die Depeschen des Nuntius *Aleander* vom Wormser Reichstag 1521, übers. u. erl. v. P. Kalkoff, in: Schriften d. Vereins f. Reformationsgeschichte 17, Halle 1886.

Berckmann, Johannes, Stralsundische Chronik, hrsg. v. G. Chr. F. Mohnike u. E. H. Zober, in: Stralsundische Chroniken 1, Stralsund 1833.

Berthold (Pürstinger) von Chiemsee, Tewtsche Theologey, hrsg. v. W. Reithmeier, München 1852.

Brandis, Henning, Diarium, Hildesheimische Geschichten aus den Jahren 1471—1528, hrsg. v. L. Haenselmann, Hildesheim 1896.

Brandis, Joachim d. Jüngere, Diarium, erg. aus Tilo Brandis' Annalen, 1528—1609, hrsg. v. M. Buhlers, Hildesheim 1902.

Der selbständige Teil der Magdeburgischen Chronik von *Georg Butze,* in: Die Chroniken der deutschen Städte vom 14. bis ins 16. Jahrhundert 27, 99—140, Leipzig 1899.

Canones et Decreta Sacrosancti Oecumenici Concilii Tridentini sub Paulo III., Julio III. et Pio IV. Pontificibus Maximis, Regensburg 1884.

Carion, Johannes, Chronica, Wittenberg 1532.

Cochläus, Johannes, Commentaria de actis et scriptis Martini Lutheri, Mainz 1549.

Cochläus, Johannes, Ein noetig christlich bedencken auff des Luthers artickeln, die man gemeynem concilio fürtragen sol, Leipzig 1538, in: CC 18, 1—64, Münster 1932.

Dreytwein, Dionysius, Eßlingische Chronik (1548—1564), hrsg. v. A. Diehl, in: Bibliothek d. Lit. Ver. in Stuttgart, Bd. 221, Tübingen 1901.

Fontaine, Simon, Historiae ecclesiasticae nostri temporis, libri XVII, Bd. I, Köln 1558.

Geizkofler, Lucas, Selbstbiographie (1550—1620), hrsg. v. A. Wolf, Wien 1873.

Gennep, Jaspar, Epitome, wahrhaftige Beschreibung der vornembsten Händel, so sich in Geistlichen vnnd Weltlichen sachen Vom Jar 1500 biss in das jar 1559 zugetragen und verlauffen haben, Köln 1559.

Die *Griechischen Christlichen Schriftsteller* der ersten drei Jahrhunderte, hrsg. v. d. Kirchenväter-Kommission d. Preuß. Akad. d. Wissenschaften, Bd. 18, Leipzig 1910.

Helding, Michael, Catechismus, Das ist / Christliche Underweißung und gegrundter Bericht / nach warer Euangelischer und Catholischer lehr, vber die Furnembste Stucke vnsers hailigen allgemeinen Christen glaubens..., Mainz 1553.

Hoffmeister, Johannes, Warhafftige endeckung unnd widerlegung deren artickel, die M. Luther auf das concilium zu schicken und darauff beharren furgenommen, o. O. u. o. J., in: CC, Bd. 18, 116—187, Münster 1932.
Hortulus anime Tütsch, Basel 1518.
Kessler, Johannes, Sabbata, mit kleineren Schriften u. Briefen, unter Mitw. v. E. Egli u. R. Schoch hrsg. v. Histor. Ver. d. Kantons St. Gallen, St. Gallen 1902.
Köstlin, J. (Hrsg.), Die Baccalaurei und Magistri der Wittenberger Philosophischen Fakultät 1503—1517; aus der Fakultätsmatrikel veröffentlicht. Osterprogramm Halle-Wittenberg 1887, Halle 1887.
Luther, Martin, Werke, Weimar 1883 ff.
Fortsetzung der hochdeutschen Übersetzung der *Magdeburgischen Schöffenchronik* 1517—1565, in: Die Chroniken d. deutschen Städte v. 14. bis ins 16. Jh. 27, 1—85, Leipzig 1899.
Nachträge zur niederdeutschen Handschrift der *Magdeburger Schöffenchronik.* 1483—1566, in: Die Chroniken d. deutschen Städte v. 14. bis ins 16. Jh. 27, 87—98, Leipzig 1899.
Zeitgenössische Aufzeichnungen des Weltpriesters *Heinrich von Pflummern,* hrsg. v. A. Schilling, in: Freiburger Diözesan-Archiv 9 (1875), 141—238.
Rabus, Johann, Jacob, Rom. Eine Münchner Pilgerfahrt... (1575), hrsg. v. K. Schottenloher, München 1925.
Die *Reformation Kaiser Sigismunds* — Eine Schrift des 15. Jahrhunderts zur Kirchen- und Reichsreform, hrsg. v. K. Beer, in: Beiheft zu d. Deutschen Reichstagsakten, Stuttgart 1933.
Rem, Wilhelm, ‚Chronica newer geschichten' 1512—1527, in: Die Chroniken d. deutschen Städte v. 14. bis ins 16. Jh. 25, 1—265, Leipzig 1889.
Sastrow, Bartholomäus, Herkommen, Geburt und Lauff seines gantzen Lebens, ..., von ihm selbst beschriben, hrsg. v. G. Chr. F. Mohnike, 3 Teile, Greifswald 1823/24.
Sauerland, H. V. (Hrsg.), Katholizismus und Protestantismus in den norddeutschen Diözesen Magdeburg, Halberstadt, Hildesheim, Paderborn, Minden, Osnabrück, Lübeck und Münster im Jahre 1607. Aus den Akten des päpstl. Staatssekretariats, in: Römische Quartalschrift f. christl. Altertumskunde und für Kirchengeschichte 14 (1900), 384—392.
Scheible, H. (Hrsg.), Die Anfänge der reformatorischen Geschichtsschreibung, in: Texte z. Kirchen- u. Theologiegeschichte 2, Gütersloh 1966.
Schweinichen, Hans v., Denkwürdigkeiten, hrsg. v. H. Oesterley (1550—1602), Breslau 1878.
Die Chronik von *Clemens Sender,* in: Die Chroniken d. deutschen Städte v. 14. bis ins 16. Jh. 23, 1—404, Leipzig 1894.
Sleidan, Johannes, De Quatuor Summis Imperiis Libri Tres, Straßburg 1556.
Sleidan, Johannes, De statu religionis et reipublicae Carolo V Caesare Commentarii, Straßburg 1555.
Urkundenbuch der Universität Wittenberg, Teil 1 (1502—1611), hrsg. v. d. Histor. Kommission f. die Prov. Sachsen u. f. Anhalt, bearb. v. W. Friedensburg, in: Geschichtsquellen d. Prov. Sachsen u. d. Freistaates Anhalt, Neue Reihe, Bd. 3, Magdeburg 1926.
Chronik des *Dietrich Westhoff* von 750—1550, in: Die Chroniken d. deutschen Städte v. 14. bis ins 16. Jh. 20, 147—462, Leipzig 1887.
Widman, Georg, Chronica, bearb. v. Chr. Kolb, in: Geschichtsquellen der Stadt Hall 2 (Württembergische Geschichtsquellen 6), Stuttgart 1904.

Widmann, Leonhart, Chronik von Regensburg 1511—43, 1552—55, in: Die Chroniken d. deutschen Städte v. 14. bis ins 16. Jh. 15, 1—244, Leipzig 1878.
Witzel, Georg, Antwort auff Martin Luthers letzt bekennete artickel, unsere gantze religion und das concili belangend, Leipzig 1538, in: CC 18, 65—115, Münster 1932.
Witzel, Georg, Schriften. Bibliographisch bearb., nebst einigen bisher ungedruckten Reformationsgutachten und Briefen Witzels, hrsg. von G. Richter (10. Veröff. d. Fuldaer Geschichtsvereins), Fulda 1913.

II. Darstellungen (und Nachschlagewerke)

Aland, K., Der Thesenanschlag fand — und zwar am 31. Oktober 1517 — statt. In: GWU 16 (1965), 686—694.
Allgemeine Deutsche Biographie, hrsg. v. d. Histor. Kommission d. Kgl. Bayr. Akad. d. Wissenschaften, Leipzig 1875ff.
Andreas, W., Deutschland vor der Reformation — Eine Zeitenwende, Stuttgart [6]1959.
Bauerreiss, R., Kirchengeschichte Bayerns, 5. Bd.: Das XV. Jahrhundert, St. Ottilien o. J.
Bertram. A., Geschichte des Bistums Hildesheim, 3 Bde., Hildesheim/Leipzig 1899—1925.
Böhmer, H., Luthers Romfahrt, Leipzig 1914.
Brunner, O., Moderner Verfassungsbegriff und mittelalterliche Verfassungsgeschichte, in: MÖIG, 14. Erg. band, Innsbruck 1939, 513—528.
Bücking, J., Kultur und Gesellschaft in Tirol um 1600. Des Hippolytus Guarinonius' „Grewel der Verwüstung Menschlichen Geschlechts" (1610) als kulturgeschichtliche Quelle des frühen 17. Jahrhunderts, in: Historische Studien 401, Lübeck/Hamburg 1968.
Cordes, G., Ostfälische Chroniken des ausgehenden Mittelalters, in: Jb. d. Vereins f. niederdeutsche Sprachforschung, 60/61 (1934/35), 42—62.
Denifle, H. u. Weiß, A. M., Luther und Luthertum in der ersten Entwicklung, 2 Bde., Mainz 1904/9.
Denk, O., Ein Regensburger Chronist des 16. Jahrhunderts, in: Das Bayerland 28 (1916/17), 21 und 45.
Dickmann, F., Das Problem der Gleichberechtigung der Konfessionen im Reich im 16. und 17. Jahrhundert, in: HZ 201 (1965), 265—305.
Doebner, R., Studien zur Hildesheimischen Geschichte, Hildesheim 1901.
Dohna, L. Graf zu, Reformatio Sigismundi — Beiträge zum Verständnis einer Reformschrift des fünfzehnten Jahrhunderts, Göttingen 1960.
Duhr, B., Geschichte der Jesuiten in den Ländern deutscher Zunge, Bd. I, Freiburg 1907.
Eder, K., Deutsche Geisteswende zwischen Mittelalter und Neuzeit, Salzburg, Leipzig 1937.
Eder, K., Die Kirche im Zeitalter des konfessionellen Absolutismus (1555—1648), in: Kirchengeschichte, hrsg. v. J. P. Kirsch, III, 2, Freiburg 1949.
Engfer, H., Das Tridentinum und das Bistum Hildesheim, in: Unsere Diözese in Vergangenheit und Gegenwart 28, Hildesheim 1959, 2. Heft, S. 56—81.
Euling, K., Hildesheimer Land und Leute des sechzehnten Jahrhunderts in der Chronik des Dechanten Johan Oldecop, Hildesheim 1892.
Euling, K., Zur Charakteristik des Hildesheimer Chronisten Oldecop, in: Jb. d. Vereins f. niederdeutsche Sprachforschung 27 (1901), 154—157.

Fehr, H., Massenkunst im 16. Jahrhundert — Flugblätter aus der Sammlung Wickiana, Berlin 1924.

Feine, H. E., Kirchliche Rechtsgeschichte, Bd. I: Die katholische Kirche, Weimar ^{3}1955.

Frensdorff, F., Besprechung der Chronik des Johan Oldecop, hrsg. von K. Euling, und von Euling, Karl, Hildesheimer Land und Leute des 16. Jahrhunderts, in: Göttingische gelehrte Anzeigen Nr. 25, 10. Dezember 1892.

Friedensburg, W., Geschichte der Universität Wittenberg, Halle 1917.

Fueter, E., Geschichte der neueren Historiographie, in: Handbuch der mittelalterlichen und neueren Geschichte, hrsg. von G. v. Below und F. Meinecke, Abt. I, München/Berlin 1911.

Gebauer, J., Geschichte der Stadt Hildesheim, 2 Bde., Hildesheim/Leipzig 1922—1924.

Greven, J., Die Kölner Kartause und die Anfänge der katholischen Reform in Deutschland, in: KLK 6, Münster 1935.

Grisar, H., Luther, 3 Bde., Freiburg 1911/12.

Grisar, H., Martin Luthers Leben und sein Werk, Freiburg 1926.

Grube, K., Der Chronist Oldecop und Stift Hildesheim, in: Hist.-pol. Bl. 112 (1893), 397—407.

Haimerl, F. X., Mittelalterliche Frömmigkeit im Spiegel der Gebetbuchliteratur Süddeutschlands, in: Münchner Theol. Studien im Auftrag d. Theol. Fakultät München, hrsg. v. F. X. Seppelt, J. Pascher, K. Mörsdorf, I. Abt., 4. Bd., München 1952.

Hartung, F., Deutsche Geschichte im Zeitalter der Reformation, der Gegenreformation und des Dreißigjährigen Krieges, Berlin 1951 (Slg. Göschen 1105).

Hassinger, E., Das Werden des neuzeitlichen Europa 1300—1600, Braunschweig ^{2}1964.

Havemann, W., Geschichte der Lande Braunschweig und Lüneburg, 3 Bde., Göttingen 1853—57.

Henkel, K., Kurze Geschichte der Diözese Hildesheim und ihrer Einrichtungen, Hildesheim 1917.

Herte, A., Das katholische Lutherbild im Banne der Lutherkommentare des Cochläus, 3 Bde., Münster 1943.

Iserloh, E., Der Thesenanschlag fand nicht statt, in: GWU 16 (1965), 675—682.

Iserloh, E., Luther zwischen Reform und Reformation — Der Thesenanschlag fand nicht statt, in: KLK 23/24, Münster 1966.

Janssen, J., Geschichte des deutschen Volkes seit dem Ausgang des Mittelalters, Bd. VII, 1.—12. Aufl., Freiburg 1892.

Jedin, H., Die geschichtliche Bedeutung der katholischen Kontroversliteratur im Zeitalter der Glaubensspaltung, in: Hist. Jb. d. Görresgesellschaft 53 (1933), 70—97.

Jedin, H., Geschichte des Konzils von Trient, Bd. I, II, Freiburg 1949/1957.

Jedin, H., Zur Entwicklung des Kirchenbegriffs im 16. Jahrhundert, in: Kirche des Glaubens, Kirche der Geschichte, Ausgewählte Aufsätze und Vorträge, Bd. II: Konzil und Kirchenreform, Freiburg/Basel/Wien 1966, 7—16.

Köstlin, J., Martin Luther — sein Leben und seine Schriften, 2 Bde., Berlin ^{4}1889.

Lau, F., Luther, Berlin 1959 (Slg. Göschen 1187).

Lauenstein, J. B., Historia Diplomatica Episcopatus Hildesiensis, Das ist: Diplomatische Historie des Bistums Hildesheim, ... Hildesheim 1740.

Lexikon für Theologie und Kirche, begr. v. M. Buchberger, 2. Aufl., hrsg. v. J. Höfer u. K. Rahner, Freiburg 1957ff.

Lortz, J., Zur Problematik der kirchlichen Mißstände im Spätmittelalter, in: Trierer Theol. Zs. 58 (1949), 1—26, 212—227, 257—270, 347—357.

Lortz, J., Die Reformation in Deutschland, Freiburg [4]1962.

Lortz, J., Wert und Grenzen der katholischen Kontroverstheologie in der ersten Hälfte des 16. Jahrhunderts, in: KLK 27/28, Münster 1968, 9—32.

Lüntzel, H. A., Die Annahme des evangelischen Glaubens-Bekenntnisses von Seiten der Stadt Hildesheim, Hildesheim 1842.

Majunke, P., Oldecop's Chronik (Luther und die „Reformation"), in: Hist.-pol. Bl. 112 (1893), 157—168, 263—278.

Maurer, W./Hermelink, H., Reformation und Gegenreformation, in: Handbuch d. Kirchengeschichte, Teil III, Tübingen 1931.

Meißinger, K. A., Der katholische Luther, München 1952.

Merzbacher, F., Wandlungen des Kirchenbegriffs im Spätmittelalter — Grundzüge der Ekklesiologie des ausgehenden 13., des 14. und des 15. Jahrhunderts, in: Zs. f. Rechtsgesch., Kanon. Abt. 70 (1953), 274—361.

Mittelniederdeutsches Handwörterbuch, hrsg. von A. Lübben, vollendet von Ch. Walter, Norden und Leipzig 1888.

Mittelniederdeutsches Handwörterbuch, begr. v. A. Lasch und C. Borchling, hrsg. von G. Cordes, Neumünster 1956ff.

Neue Deutsche Biographie, hrsg. v. d. Hist. Komm. d. Bayr. Akad. d. Wiss., Berlin 1953ff.

Oediger, F. W., Über die Bildung der Geistlichen im späten Mittelalter, Leiden/Köln 1953.

Oldekop, Th., Das Geschlecht der Oldekop, Hannover 1875.

Paulus, N., Johann Tetzel der Ablaßprediger, Mainz 1899.

Paulus, N., Tetzel und Oldekop, in: Der Katholik, Zs. f. kathol. Wissenschaft und kirchliches Leben 79 (1899), 484—510.

Peuckert, W. E., Die große Wende — Das apokalyptische Saeculum und Luther, Hamburg 1948.

Polman, P., Die polemische Methode der ersten Gegner der Reformation, in: KLK 4, Münster 1931.

Quirin, H., Einführung in das Studium der Mittelalterlichen Geschichte, Braunschweig 1964.

Die Religion in Geschichte und Gegenwart, Handwörterbuch für Theologie und Religionswissenschaft, Tübingen [3]1957ff.

Ritter, G., Die Neugestaltung Europas im 16. Jahrhundert. Die kirchlichen und staatlichen Wandlungen im Zeitalter der Reformation und der Glaubenskämpfe, Berlin 1950.

Ritter, G., Luther, Gestalt und Tat, Gütersloh 1962.

Rohr, J., Die Prophetie im letzten Jahrhundert vor der Reformation als Geschichtsquelle und Geschichtsfaktor. Ein Beitrag zur Geschichte der öffentlichen Meinung, in: Hist. Jb. d. Görresgesellschaft 19 (1898), 29—56.

Rücklin, G., Religiöses Volksleben des ausgehenden Mittelalters in den Reichsstädten Hall und Heilbronn, in: Historische Studien 226, Berlin 1933.

Scheel, O., Ausschnitte aus dem Leben des jungen Luther, in: Zs. f. Kirchengeschichte 32 (1911), 386—407, 531—571.

Schmidlin, J., Die kirchlichen Zustände in Deutschland vor dem Dreißigjährigen Kriege nach den bischöflichen Diözesanberichten an den Heiligen Stuhl, in: Erläuterungen und Ergänzungen zu Janssens Geschichte des deutschen Volkes, hrsg. von L. v. Pastor, VII. Bd., 3. Teil, Freiburg 1910.

Schmidlin, J., Kirchliche Zustände und Schicksale des deutschen Katholizismus während des Dreißigjährigen Krieges nach den bischöfl. Romberichten, Freiburg 1940.

Schmidlin, J., Roms Anteil an der katholischen Reform in Deutschland, in: Röm. Quartalschrift für christl. Altertumskunde u. f. Kirchengeschichte, Bd. 35 (1927), 369—379.

Schmidt, H., Die deutschen Städtechroniken als Spiegel des bürgerlichen Selbstverständnisses im Spätmittelalter, in: Schriftenreihe der Hist. Kommission bei d. Bayr. Akademie d. Wissenschaften, Göttingen 1958.

Schnabel, F., Deutschlands geschichtliche Quellen und Darstellungen in der Neuzeit, 1. Teil: Das Zeitalter der Reformation 1500—1550, Leipzig/Berlin 1931.

Schnürer, G., Kirche und Kultur im Mittelalter, 3. Bd., Paderborn 1930.

Schreiber, G. (Hrsg.), Das Weltkonzil von Trient, 2 Bde., Freiburg 1951.

Schrott, A., Das Gebetbuch in der Zeit der katholischen Restauration, in: Zs. f. kathol. Theol., hrsg. v. d. Theol. Fakultät d. Universität Innsbruck 61 (1937), 1—28, 211—257.

Schwab, E., Einiges über das Wesen der Städtechronistik. Mit besonderer Berücksichtigung der Sudetendeutschen, in: Arch. f. Kulturgesch. 18 (1928), 258—286.

Seidlmayer, M., Weltbild und Kultur Deutschlands im Mittelalter, in: Handbuch der deutschen Geschichte, begr. von O. Brandt, neu hrsg. v. L. Just, Bd. I, Abschnitt 6, Darmstadt 1954.

Seppelt, F. X., Geschichte der Päpste von den Anfängen bis zur Mitte des zwanzigsten Jahrhunderts, Bd. 4 u. 5, München [2]1957/1959.

Solzbacher, J., Kaspar Ulenberg — Eine Priestergestalt aus der Zeit der Gegenreformation in Köln, in: KLK 8, Münster 1948.

Stadelmann, R., Vom Geist des ausgehenden Mittelalters — Studien zur Geschichte der Weltanschauung von Nicolaus Cusanus bis Sebastian Franck, in: Deutsche Vierteljahresschrift f. Literaturwissenschaft u. Geistesgeschichte, Buchreihe 15. Bd., Halle 1929.

Steinhausen, G., Geschichte der Deutschen Kultur, 2 Bde., Leipzig/Wien [2]1913.

Ulrich, A., Niedersächsische Studenten auf fremden Universitäten, in: Zs. d. Hist. Ver. f. Niedersachsen, Jahrg. 1889, 199—280.

Varnové, E., Die Anfänge der Hildesheimer Stiftsfehde und die Chronisten H. Brandis und J. Oldecop. Phil. Diss. Marburg 1919.

Veit, L. A. u. Lenhart, L., Kirche und Volksfrömmigkeit im Zeitalter des Barock, Freiburg 1956.

Vogt, W., Des Clemens Sender Chronicon Augustanum, eine Wolfenbüttler Handschrift, in: Zs. d. Hist. Ver. f. Schwaben u. Neuburg 6 (1879), 83—88.

Vogt, W., Die Augsburger Chronik des Clemens Sender, in: Zs. d. Hist. Ver. f. Schwaben und Neuburg 21 (1894), 149—164.

Volz, H., Martin Luthers Thesenanschlag und dessen Vorgeschichte, Weimar 1959.

Volz, H., Der Thesenanschlag fand — und zwar wahrscheinlich am 1. November 1517 — statt, in: GWU 16 (1965), 682—686.

Wadstein, E., Die eschatologische Ideengruppe: Antichrist — Weltsabbat — Weltende und Weltgericht in den Hauptmomenten ihrer christlich-mittelalterlichen Gesamtentwicklung, in: Zs. f. wissenschaftl. Theol. 38 (1895), 538—616 u. 39 (1896), 251—293.

Wolf, G., Quellenkunde der deutschen Reformationsgeschichte, 3 Bde., Gotha 1915—23.

Zeeden, E. W., Martin Luther und die Reformation im Urteil des deutschen Luthertums — Studien zur Selbstdeutung des lutherischen Protestantismus von Luthers Tod bis zur Goethezeit, 2 Bde., Freiburg 1950/52.

Zeeden, E. W., Zeitalter der europäischen Glaubenskämpfe, Gegenreformation und katholische Reform — Ein Forschungsbericht, in: Saeculum, Jb. f. Universalgeschichte 7 (1956), 321—368.
Zeeden, E. W., Über die Krise der Kirche im ausgehenden Mittelalter. Aspekte zur Beurteilung der Mißstände, Karlsruhe 1961 (Sonderdruck aus dem Oberrhein. Pastoralbl. 6/7, Juni-Juli 1961).
Zeeden, E. W., Das Zeitalter der Glaubenskämpfe (1555—1648), in: B. Gebhardt, Handbuch der deutschen Geschichte, hrsg. v. H. Grundmann, Bd. 2, Stuttgart ^{8}1955, vierter Nachdruck 1961, 105—202.
Zeeden, E. W., Die Entstehung der Konfessionen — Grundlagen und Formen der Konfessionsbildung im Zeitalter der Glaubenskämpfe, München/Wien 1965.
Zeeden, E. W., Das Zeitalter der Gegenreformation, Freiburg/Basel/Wien 1967 (Herder-Bücherei 281).
Zeeden, E. W., Deutsche Kultur in der frühen Neuzeit, in: Handbuch d. Kulturgeschichte, begr. v. H. Kindermann, neu hrsg. v. E. Thurnher, 1. Abtlg.: Zeitalter deutscher Kultur, Frankfurt/M. 1968.

ABKÜRZUNGSVERZEICHNIS

ADB	=	Allgemeine Deutsche Biographie
Bd.	=	Band
CC	=	Corpus Catholicorum, Werke katholischer Schriftsteller im Zeitalter der Glaubensspaltung
GWU	=	Geschichte in Wissenschaft und Unterricht
Hist.-pol. Bl.	=	Historisch-politische Blätter für das katholische Deutschland
Hs.	=	Handschrift
HZ	=	Historische Zeitschrift
Jb.	=	Jahrbuch
KLK	=	Katholisches Leben und Kämpfen im Zeitalter der Glaubensspaltung, Vereinsschriften der Gesellschaft zur Herausgabe des Corpus Catholicorum
LThK	=	Lexikon für Theologie und Kirche
MÖIG	=	Mitteilungen des Österreichischen Instituts für Geschichtsforschung
NDB	=	Neue Deutsche Biographie
RGG	=	Die Religion in Geschichte und Gegenwart, Handwörterbuch für Theologie und Religionswissenschaft
RST	=	Reformationsgeschichtliche Studien und Texte
Slg.	=	Sammlung
W. A.	=	Martin Luther, Werke, Weimar 1883ff.
Zs.	=	Zeitschrift

Anmerkung zur Zitierweise

Belegstellen, bei denen keine Verfasser bzw. Titel, sondern lediglich Seiten- und Zeilenzahlen angeführt werden, beziehen sich in der vorliegenden Arbeit auf die Chronik Johan Oldecops (z. B. 92,6 = Oldecop Seite 92, Zeile 6).

EINLEITUNG

Die vorliegende Untersuchung möchte zur Erforschung der katholischen literarischen Kräfte des Reformationszeitalters beitragen, über die wir bis heute nur ungenügend unterrichtet sind[1]. Die quellenmäßige Grundlage der Arbeit bilden die chronikalischen Aufzeichnungen des Hildesheimer Dechanten Johan Oldecop (1493—1574), der über die Mehrzahl seiner Amtskollegen zwar bildungsmäßig hinausragte, aber dennoch den führenden katholischen Geistern des 16. Jahrhunderts nicht zuzurechnen ist.

Um den Blick für zeittypische und individuelle Momente der Sehweisen Oldecops zu schärfen, wurde eine Anzahl von weiteren chronikalischen Quellen des Reformationsjahrhunderts herangezogen. Dabei wurde das Schwergewicht auf die Werke katholischer Autoren gelegt. Auch einige Verfasser, die sich zur Reformation bekannten, wurden berücksichtigt. Dies geschah in der Absicht, gegebenenfalls Anhaltspunkte für eine Beeinflussung der Denkweisen durch die Konfessionszugehörigkeit der Chronisten herauszuarbeiten. Dem Verfasser der Untersuchung war daran gelegen, aus den Vergleichsquellen Urteilsformen zu eruieren, welche den Autoren bei aller Verschiedenheit der örtlichen religionspolitischen Verhältnisse gemeinsam waren. Bei der Auswahl dieser Quellen wurde deshalb eine möglischt breite geographische Streuung angestrebt. Da die Aufzeichnungen des Hildesheimer Dechanten — vergröbernd gesprochen — eine Mischung von Chronik und kontroverstheologischem Traktat bilden, dienen außerdem einige Werke katholischer Kontroverstheologen des 16. Jahrhunderts als Parallelquellen.

In der Arbeit soll weniger auf die Berichte der Chronisten über Fakten zur jeweiligen lokalen Reformationsgeschichte abgehoben werden, die von Fall zu Fall kritisch auf ihre Glaubwürdigkeit hin zu prüfen wären[2]; vielmehr soll gezeigt werden, wie Johan Oldecop und einige seiner Zeitgenossen über die Ereignisse d a c h t e n

[1] Lortz, J., Die Reformation in Deutschland, Bd. II, 41962, S. 154.

[2] Unter diesem Vorbehalt können Chroniken eine Fundgrube für die lokale Reformationsgeschichtsforschung bilden. Dies trifft auch für Johan Oldecop in bezug auf seine Heimatstadt zu. Eine weitere bedeutsame erzählende Quelle zur Reformationsgeschichte Hildesheims: Brandis, Joachim d. Jüngere, Diarium, erg. aus Tilo Brandis 'Annalen, 1528—1609, hrsg. v. M. Buhlers, Hildesheim 1902.

und urteilten. Wenn es dem Verfasser darüber hinaus gelingen könnte, das Interesse der reformationsgeschichtlichen Forschung stärker als bisher auf die Quellengattung der Chroniken zu lenken, würde die Untersuchung einen weiteren wichtigen Zweck erfüllt haben.

Im einzelnen wird bei der Darstellung wie folgt verfahren: zunächst soll ein Überblick über die der Arbeit zugrunde liegenden Chroniken dem Leser den Zugang zu dieser spezifischen Quellenart erleichtern. Sodann werden die im Mittelpunkt der Auswertung stehenden Aufzeichnungen des Dechanten Oldecop eingehend charakterisiert[3]. Daran schließt sich eine Skizzierung des Lebensganges, der geistigen Persönlichkeit sowie der Frömmigkeit und des Weltbildes des Hildesheimer Chronisten.

Der Verfasser der vorliegenden Arbeit glaubte sich aus zwei Gründen befugt, letztere Gesichtspunkte verhältnismäßig ausführlich zu behandeln:

a) Nach Hubert Jedin bestehe die Aufgabe der Erforschung der katholischen Kontroversliteratur zunächst darin, die Persönlichkeiten der katholischen Polemiker darzustellen. Es sei aber ferner wichtig, der inneren Entwicklung dieser Männer Beachtung zu schenken und ihrer geistigen Struktur, religiösen Haltung und theologischen Bildung nachzugehen[4].

b) Zugleich erscheint es aus methodischen Gründen angebracht, vor Abhandlung des eigentlichen Themas zunächst die Denkweisen Oldecops aufzuzeigen, die auch seine Ansichten über die Reformation und die katholische Kirche seines Zeitalters bestimmten.

Der engere Themenbereich wird im zweiten Hauptteil mit einer Analyse der Auseinandersetzung des Chronisten mit der Reformation aufgegriffen. Dabei gilt es, die verschiedenen Schichten seines Reformationsverständnisses von einer Ebene persönlicher Verunglimpfung des konfessionellen Gegners zu einem geschichtstheologischen Betrachtungsniveau fortschreitend aufzudecken.

Im dritten Hauptteil wird der Blick auf die Beurteilung der katholischen Kirche des 16. Jahrhunderts durch den Chronisten gerichtet. Hierbei ist zunächst nach seiner Einschätzung der äußeren und inneren Situation der alten Kirche im Zeitalter der Glaubens-

[3] Zugleich soll damit ein Beitrag zu der von A. Herte angeregten kritischen Untersuchung der Chronik geleistet werden (A. Herte, Das katholische Lutherbild im Banne der Lutherkommentare des Cochläus, Bd. I, Münster 1943, S. 25, Anm. 52).

[4] Jedin, H., Die geschichtliche Bedeutung der katholischen Kontroversliteratur im Zeitalter der Glaubensspaltung, in: Historisches Jb. 53 (1933), S. 76f.; vgl. auch Lortz, Reformation II, 154.

spaltung und Konfessionsbildung zu fragen. Auch sind seine Überlegungen über Möglichkeiten einer Abwehr der Reformation und einer inneren Erneuerung der katholischen Kirche zu würdigen. Ferner ist sein Kampf für die eigene Kirche zu beschreiben. In diesem Zusammenhang sind sowohl die Methodik dieses Kampfes als auch die katholischen Glaubensinhalte zu behandeln, welche Oldecop den Lehrmeinungen der Reformatoren entgegenstellte.

Im letzten Teil sollen die Aussagen des Chronisten über das Verhältnis der katholischen Kirche zu den neuen Lehren interpretiert werden.

Eine Zusammenfassung der Ergebnisse, eine Einordnung der Aufzeichnungen des Hildesheimer Dechanten in die Chronistik und die Kontroverstheologie des 16. Jahrhunderts sowie ein kurzer Ausblick bilden den Schluß.

I. Teil

DIE QUELLEN UND IHRE VERFASSER

1. Kapitel

Die der Arbeit zugrunde liegenden Quellen als Paradigmen der Chronistik des 16. Jahrhunderts

Chroniken bilden eine der wichtigsten Gruppen der erzählenden Geschichtsquellen des Mittelalters und der frühen Neuzeit[1]. Man versteht darunter im allgemeinen historiographische Aufzeichnungen, in denen aus der Rückschau der Verfasser ein größerer Ausschnitt aus dem Geschehen der näheren oder entfernteren Vergangenheit unter Einhaltung des chronologischen Prinzips und oftmals unter übergeordneten Gesichtspunkten dargestellt wird.

Für den Historiker besitzen chronikalische Quellen in doppelter Hinsicht Aussagewert: zum einen tragen sie zur Erhellung der von den Autoren behandelten Zeiträume der Vergangenheit bei; zum andern können sie der Erkenntnis der bei Abfassung der Aufzeichnungen bestehenden Zeitverhältnisse und Denkweisen förderlich sein. Primär unter dem letzteren Aspekt sollen sie in der vorliegenden Untersuchung ausgeschöpft werden.

Die Chronistik des 16. Jahrhunderts ist im deutschsprachigen Raum gekennzeichnet durch eine Vielfalt der Formen. Das von mittelalterlichen Chronisten mit Vorliebe verwendete starre Gliederungsschema der Weltgeschichte in eine bestimmte Anzahl von Reichen oder Zeitaltern — worin sich im allgemeinen ein tieferes Weltverstehen der Autoren spiegelt — wird in der frühen Neuzeit zunehmend verdrängt von einer aufgelockerteren Darstellungsform. Immer häufiger verzichten die Chronisten darauf, die Weltgeschichte „ab origine" zu behandeln. Stattdessen beschränken sie sich auf die Schilderung der Ereignisse der jüngsten Vergangenheit und der Gegenwart. Das einzige allgemeinzutreffende formale Kriterium dieser Quellenart bildet in der Neuzeit das — allerdings auch nicht immer streng befolgte — chronologische Prinzip.

Eine Typisierung nach ausschließlich formalen Gesichtspunkten dürfte somit kaum durchzuführen sein. Abgesehen davon würde

[1] Quirin, H., Einführung in das Studium der Mittelalterlichen Geschichte, Braunschweig 1964, S. 54.

sie schwerlich befriedigen. Im folgenden soll versucht werden, nach vorwiegend inneren Kriterien der Schilderung einige Grundtypen der Chronistik des Reformationszeitalters aufzuzeigen. Dies soll am Beispiel der in der vorliegenden Arbeit am häufigsten zum Vergleich herangezogenen Werke katholischer Verfasser erfolgen[2]. Alle diese Autoren waren Stadtbewohner oder von städtischer Herkunft. Dies hat sich auch in ihren mundartlich gefärbten Geschichtsdarstellungen niedergeschlagen: die jeweilige Stadt bildet den Mittelpunkt ihrer Welt. Ereignisse außerhalb der städtischen Mauern werden vorwiegend nur insoweit berichtet, als sie in irgendeinem Zusammenhang zu den Schicksalen und Interessen der eigenen Stadt stehen. Als paradigmatisch kann man die Art der Geschichtsbehandlung ansehen, wie sie die Chronisten Dietrich Westhoff[3] und Clemens Sender[4] vornahmen.

Der um das Jahr 1509 geborene Dietrich Westhoff wurde nach vieljähriger Ausübung des Schmiedehandwerks 1544 zum Gerichtsschreiber seiner Vaterstadt Dortmund ernannt. Dieses Amt bekleidete er bis zu seinem Tod im Jahre 1551 oder 1552[5].

Seine seit 1548 ausgearbeiteten Aufzeichnungen[6] läßt er mit der Erschaffung der Welt und den Anfängen der Reichsstadt Dortmund beginnen[7]. Je mehr er sich der eigenen Gegenwart nähert, desto ausführlicher werden seine Mitteilungen. Lokales und überregionales Geschehen berichtet er in buntem Wechsel, wobei der Schwerpunkt auf den Ereignissen im engeren Heimatbereich liegt. Im

[2] Bei protestantischen Chronisten finden sich im Prinzip ähnliche Darstellungsweisen — allerdings mit umgekehrten konfessionellen Vorzeichen der Schilderung.

[3] Chronik des Dietrich Westhoff von 750—1550, in: Die Chroniken der deutschen Städte vom 14. bis ins 16. Jahrhundert 20, 147—462, Leipzig 1887. Die Jahreszahl 750 in der Titelangabe bezeichnet nicht den Beginn des Berichtszeitraums des Chronisten, sondern bezieht sich auf das Auswahlprinzip des Herausgebers. Dieser glaubte auf die Wiedergabe des ersten Teils von der Erschaffung der Welt bis zum Jahr 750 verzichten zu können. Auch innerhalb der im Titel genannten Zeitspanne ist die Edition, abgesehen von den Jahren 1300—1499, unvollständig: zwischen 750 und 1300 wurden sämtliche nicht auf Dortmund bezügliche Mitteilungen weggelassen, ab 1500 wurden wieder einzelne Kürzungen vorgenommen (Einleitung zur Edition 153ff.). Über die Handschriften vgl. Einleitung 149ff.

[4] Die Chronik von Clemens Sender, in: Die Chroniken der deutschen Städte vom 14. bis ins 16. Jahrhundert 23, I—XLVIII u. 1—404, Leipzig 1894. Abgesehen vom Zeitraum zwischen 1348 und 1488 wurde die Chronik in der genannten Edition im wesentlichen ungekürzt wiedergegeben (Einleitung S. XXXI).

[5] Zur Vita Westhoffs vgl. Einleitung zur Edition S. 173f. und ADB 42, 192.

[6] Eine Reihe von Textstellen verweisen auf diesen Terminus ante quem non (z. B. 180,17; 192,18; 253,9; 321,27; 345,17; 434,2; 440,3).

[7] Einleitung zur Edition S. 153 und Westhoff 177.

Verhältnis zu den Nachrichten über stadtpolitische Vorgänge nehmen Angaben über die Preise und das Wetter breiten Raum ein. Zahlreich sind die Notizen über Himmelserscheinungen, Mißgeburten und Kuriosa[8]. Auch über die Frömmigkeit der Zeit erfährt der Leser manche interessante Einzelheit.

Westhoff begnügt sich in seiner nach der Herrschaftsdauer der römisch-deutschen Kaiser untergliederten Chronik fast durchweg mit dem kommentarlosen Bericht der aus zahlreichen Vorlagen kompilierten Fakten[9]. Ansätze einer kritischen Haltung gegenüber seinen Quellen, deren wichtigste bemerkenswerterweise die Chronik Sebastian Francks bildet[10], werden nicht sichtbar. Auch fehlen Reflexionen über die Ereignisse. Eine gedankliche Verarbeitung des Zeitgeschehens durch den Chronisten ist kaum zu erkennen[11]. Obwohl Westhoff dem Leser gegenüber seine Ablehnung der Reformation, die auch in Dortmund Eingang gefunden hatte, nicht verbirgt[12], setzt er sich in seinem Werk nicht eingehender mit den Glaubensneuerungen auseinander. Seine Darstellung verkörpert den Typ einer vordergründig dem sichtbaren Geschehen der Welt verhafteten Chronistik.

Dieses Urteil trifft mit gewissen Modifizierungen auch auf die Augsburger Chronik Clemens Senders zu. Der 1475 in Lauingen an der Donau geborene Autor trat 1496 in das als Pflegestätte humanistischer Studien über die Mauern Augsburgs hinaus bekannte Benediktinerkloster St. Ulrich und Afra ein[13], dessen Prior er 1527 wurde[14]. Die hier behandelte, im Jahre 1536 kurz vor seinem Lebensende abgefaßte Augsburger Chronik[15] bildet ein wichtiges, vielleicht das bedeutendste Zeugnis der umfangreichen schriftstellerischen Tätigkeit Senders[16].

[8] Z. B. Westhoff 327, 336, 363, 426, 428, 432, 435.

[9] Über Westhoffs Quellen vgl. Einleitung zur Edition 158ff.

[10] Franck, Sebastian, Chronica, zeitbuch und geschichtbibell von anbegyn biß in diß gegenwertig MDXXXVI jar verlengt, Ulm 1536.

[11] Allenfalls Westhoff 290f.

[12] Westhoff 430 („mit der Luterij inficijrt").

[13] Sender 68.

[14] Zur Vita Senders vgl. Einleitung zur Edition S. IVff., außerdem Vogt, W., Die Augsburger Chronik von Clemens Sender, in: Zs. des Historischen Vereins für Schwaben und Neuburg 21 (1894), S. 153 und ADB 34,6.

[15] Sender 357.

[16] Franz Schnabel beurteilte das Werk als die bedeutsamste Leistung der Augsburger Chronistik des 16. Jahrhunderts. Vgl. Schnabel, F., Deutschlands geschichtliche Quellen und Darstellungen in der Neuzeit, 1. Teil: Das Zeitalter der Reformation von 1500—1550, Leipzig/Berlin 1931, S. 218; dort auch Angaben über die sonstigen Werke Senders (vgl. dazu außerdem Einleitung zur Edition S. Xff. und LThK² Bd. 9, Sp. 661). Zu den Quellen Senders vgl.

Der Chronist, der in persönlichen Beziehungen zu den Fuggern stand[17], wendet sich gleich Westhoff zurück bis zu den Anfängen der im Mittelpunkt seiner Schilderung stehenden Stadt[18]. Gemeinsam ist beiden Autoren auch die zeittypische Lust an prachtvollen Aufzügen und Empfängen. Im Gegensatz zu dem Laien Westhoff beschäftigt sich der Kleriker Sender ausführlich mit den lokalen reformatorischen Ereignissen. Hinter diesen Nachrichten werden Ansätze einer tieferen Deutung der Glaubensspaltung erkennbar.

Von den beiden bisher vorgestellten Verfassern unterscheidet sich der Regensburger Chronist Leonhart Widmann[19] durch eine Neigung zu kritischer Reflexion über die Zeitereignisse. Der um das Jahr 1490 geborene Autor entstammte einem Weinbauerngeschlecht aus Tegernheim bei Regensburg[20]. Er wurde 1511 zum Priester geweiht[21] und wirkte anschließend als Vikar im Kollegiatstift der Alten Kapelle in Regensburg. Widmann starb 1557; wenige Jahre zuvor war ihm das Benefizium des Wenzeslausaltars der Alten Kapelle übertragen worden.

In seinen 1548 und 1555 redigierten chronikalischen Notizen streift er die Anfänge Regensburgs nur knapp[22]. Die eigentliche Schilderung setzt erst mit dem Jahre 1511 ein. Wie die bisher besprochenen Verfasser behandelt auch Widmann eingehend Wetter, Ernten, Preise und Kriminalität. Er läßt jedoch den stadtpolitischen Ereignissen mehr Raum als Westhoff. Mit minuziöser Ausführlichkeit registriert er die vor und nach Einführung der Reformation (1542)[23] unternommenen Angriffe des Regensburger Rates auf die Freiheiten und Privilegien des katholischen Klerus. Aus den aphoristischen Bemerkungen, welche er — häufig mit einem resignierenden Unterton — an die Darlegung der Fakten knüpft, läßt sich ein festgefügtes Weltbild rekonstruieren, dessen Grundpfeiler die Überzeugung von einer sich zunehmend verschlechternden Welt bildet.

Einleitung zur Edition XXVIff. Über die Handschriften der Chronik vgl. Einleitung XXXII und XLff.

17 Einleitung zur Chronik IX.

18 Sender 2.

19 Widmann, Leonhart, Chronik von Regensburg 1511—43, 1552—55, in: Die Chroniken der deutschen Städte vom 14. bis ins 16. Jahrhundert 15, S. 1—244, Leipzig 1878. Über die Handschrift vgl. S. 9f.

20 Angaben zur Vita in der Einleitung zur Chronik (S. 3f.), außerdem bei Denk, O., Ein Regensburger Chronist des 16. Jahrhunderts, in: Das Bayernland 28 (1916/17), S. 21. Siehe auch ADB 42,357.

21 So ADB. Nach Denk sei die Weihe zum Priester bereits 1508 erfolgt (S. 21).

22 L. Widmann 14.

23 Vgl. J. Staber in LThK² Bd. 8, Sp. 1091.

Die Chroniken Westhoffs, Senders und Widmanns kann man trotz der oben gezeigten Unterschiede noch als Spielarten ein und derselben Darstellungsweise betrachten. Dagegen verkörpert das Werk des Biberacher Weltklerikers Heinrich von Pflummern einen gänzlich andersgearteten Typ chronikalischer Aufzeichnungen[24].

Heinrich von Pflummern wurde 1475 als Sprößling eines Patriziergeschlechtes der Reichsstadt Biberach geboren[25]. Nach der Priesterweihe im Jahre 1501 nahm er kein kirchliches Benefizium an, sondern lebte ausschließlich von seinem väterlichen Erbe. Vierundzwanzig Jahre lang las er im Erker der oberen Krankenstube des Biberacher Spitals die Messe „luter umb gotzs willen und siner er und den armen dirftigen zuo guot“[26]. Unmittelbar nach Abschaffung der Messe durch den Biberacher Rat verließ er 1531 seine Heimatstadt und lebte bis zu seinem Tod im Jahre 1561 im benachbarten Waldsee[27].

Nach Aussage des überdurchschnittlich gebildeten Verfassers entstanden die Aufzeichnungen in ihrer endgültigen Form in der Fastenzeit des Jahres 1545[28]. Anders als die bisher behandelten Chronisten beschreibt Heinrich von Pflummern ausschließlich das Geschehen seiner Zeit auf religiös-kirchlichem Sektor. Das in über einhundert durchnumerierte Einzelabschnitte untergliederte Werk ist historische und systematische Darstellung zugleich: der Autor beschreibt die Anfänge und Auswirkungen der Reformation in Biberach sowie sein persönliches Verhalten zu den religiösen Neuerungen. Ferner führt er eine Bestandsaufnahme des vorreformatorischen Katholizismus in Biberach durch. Schließlich stellt er den reformatorischen Lehren die wesentlichen Inhalte des katholischen Glaubens entgegen. Dabei geht er auch auf verhältnismäßig diffizile theologische Probleme ein.

Seine Aufzeichnungen tragen deutlich kontroverstheologische Züge. Sie sind als Paradigma einer unter dem Einfluß der Glaubensspaltung sich vollziehenden Umwandlung der herkömmlichen Chronistik zu einer primär von konfessionellen Gesichtspunkten bestimmten Darstellungsweise zu betrachten.

Zwischen den Gegenpolen, wie sie Dietrich Westhoff und Heinrich von Pflummern in dem oben unternommenen Versuch einer

[24] Zeitgenössische Aufzeichnungen des Weltpriesters Heinrich von Pflummern, hrsg. von A. Schilling, in: Freiburger Diözesan-Archiv 9 (1875), S. 141—238. Über die Handschrift vgl. Vorwort zur Edition S. 145f.

[25] Zum Lebensgang des Verfassers vgl. Vorwort des Herausgebers S. 143ff.

[26] Heinrich von Pflummern 158.

[27] Heinrich von Pflummern 173.

[28] Heinrich von Pflummern 238.

Typisierung der Chronistik des Reformationsjahrhunderts bilden, nimmt der im Mittelpunkt der vorliegenden Arbeit stehende Hildesheimer Chronist Oldecop eine Zwischenstellung ein: er schildert detailliert die Ereignisse seiner Zeit in ihrer bunten Vielfalt, zugleich aber setzt er sich eingehend mit der Reformation auseinander und hebt von ihren Lehrmeinungen das katholische Glaubensgut ab. Auch altersmäßig steht der 1493 geborene Oldecop, der ebenso wie Sender, Widmann und Pflummern Kleriker war, zwischen dem Dortmunder und dem Biberacher Chronisten. Der Ausbildung nach hat er alle diese Autoren jedoch offensichtlich überragt. Sein Werk gilt es im folgenden eingehend zu analysieren.

2. Kapitel

Die Chronik des Dechanten Oldecop

a) Die Edition

Die Urschrift der chronikalischen Aufzeichnungen des Hildesheimer Dechanten[1] scheint nach wechselvollem Schicksal endgültig verschollen zu sein[2]. Für die vorliegende Arbeit mußte deshalb die einzige, 1891 von Karl Euling für die „Bibliothek des Literarischen Vereins in Stuttgart" besorgte Edition herangezogen werden[3]. Dieser legte der Herausgeber das damals für kurze Zeit zugängliche Autograph zugrunde; einige verlorengegangene Blätter ergänzte er aus einer Abschrift von 1606[4]. Zu diesem Verfahren glaubte er sich berechtigt, nachdem er bei einem Vergleich der erhalten gebliebenen Teile der Urschrift mit der Abschrift wesentliche Übereinstimmung hatte ermitteln können.

[1] Die Verfasserschaft Oldecops geht aus 664,26 hervor.

[2] Nach ihrer Wiederauffindung, deren genauer Zeitpunkt sich nicht ermitteln ließ (spätestens 1887), wurde die Urschrift in der Bibliothek des Gymnasium Josephinum in Hildesheim aufbewahrt (Vorwort zur Edition VIII, Nachwort 678). Nach freundlicher Auskunft von Hochw. Herrn Pfarrer H. Engfer vom Bistumsarchiv Hildesheim wurde die Handschrift 1899 von einem Schüler gestohlen und angeblich verbrannt. Es habe sich außerdem die Fama gehalten, das Autograph sei nach Paris verkauft worden. Diesbezügliche Nachforschungen seien jedoch erfolglos geblieben.

[3] Chronik des Johan Oldecop, hrsg. von K. Euling, in: Bibliothek des Literarischen Vereins in Stuttgart, Bd. 190, Tübingen 1891.

[4] Die Hs. 81 der Beverinischen Bibliothek in Hildesheim, eine stark mit hochdeutschen Sprachformen vermischte Abschrift (vgl. Euling, Nachwort zur Edition S. 681). Eine ebenfalls aus dem 17. Jahrhundert stammende Abschrift bildet die Hs. 82 der Beverinischen Bibliothek.

b) Berichtszeit, Aufbau und Stil

Die Aufzeichnungen beginnen mit dem Jubeljahr 1500 und brechen 1573 wenige Monate vor Oldecops Tod unvermittelt ab. Der Chronist berichtete also über einen Zeitraum, den er selbst durchlebt hatte. Weiter zurückliegende Ereignisse teilte er nur insoweit mit, als sie in Zusammenhang mit dem Geschehen seiner Gegenwart standen. Die Darstellung könnte man somit als ein Werk der damaligen „Zeitgeschichte" bezeichnen[5].

Einziges Ordnungsprinzip in der bunten Fülle der Nachrichten aus den verschiedensten Lebensbereichen bildet die Verteilung des Stoffes nach Jahren[6]. Auch innerhalb der einzelnen Jahre hielt sich Oldecop im allgemeinen an den chronologischen Ablauf der Ereignisse, die er zeitlich möglichst genau zu fixieren suchte[7]. Gelegentlich unterbrach er die Schilderung eines Sachverhaltes zugunsten einer anderen, zumeist in Beziehung zur Reformation stehenden Nachricht[8]. Die ursprünglich begonnene Erzählung setzte er oftmals anschließend fort, griff sie aber bisweilen auch nicht wieder auf. Solche Gedankensprünge lassen auf eine lebhafte innere Bewegung des Chronisten bei der Niederschrift dieser Passagen schließen.

Das chronologische Prinzip erweist sich einerseits als ungünstig für die Schilderung größerer Zusammenhänge: Unterbrechungen, Wiederholungen, Vorgriffe auf spätere Ereignisse und Widersprüche sind nicht selten zu bemerken[9]. Andererseits zwang es den reflexionsfreudigen Dechanten, sich immer wieder den Tatsachen zuzuwenden.

Das in mittelniederdeutscher Mundart abgefaßte Werk[10] bildet ein reizvolles sprachliches Zeugnis[11]. Auf eine eingehende Stilanaly-

[5] Für Oldecop erübrigte sich somit eine Einteilung der Weltgeschichte nach einem bestimmten Gliederungsschema (z. B. das der vier Reiche; vgl. Carion, Johannes, Chronica, Wittenberg 1532, zit. nach d. Ausg. v. 1533, Fol. Avij und Sleidan, Johannes, De Quatuor Summis Imperiis Libri Tres, Straßburg 1556, besonders Fol. aij und Fol. 174).

[6] Der Raum, den der Chronist einzelnen Jahren widmet, hängt ab von seinem Erinnerungsvermögen und von seinem subjektiven Urteil über die Bedeutung des entsprechenden Jahres. In der Edition von Euling nimmt das Jahr 1507 nur acht Zeilen ein (27,22), das Jahr 1519 hingegen sechzehn Seiten (63ff.) und das Jahr 1563 sogar rund zweiundvierzig Seiten (507ff.).

[7] Z. B. 92,6: „umme middernacht" (vgl. 551,27).

[8] Vgl. 24,8; 529,16.

[9] 110,36; 118,10; 152,9; 262,12 (Schicksal des Hochstifts Hildesheim).

[10] Hie und da streut der Verfasser einzelne lateinische Ausdrücke, Ausrufe und Bibelzitate ein (z. B. 543,31: „Faxit deus!"; 671,4: „exitus finem probat"), doch fehlen längere lateinische Abschnitte fast gänzlich (Ausnahmen 505,9; 616,16).

[11] Cordes, G., Ostfälische Chroniken des ausgehenden Mittelalters, in: Jb. des Vereins für niederdeutsche Sprachforschung 60/61 (1934/35), S. 56. Angaben

se kann im Rahmen dieser geschichtswissenschaftlichen Untersuchung verzichtet werden. Einige hervortretende Stilmerkmale sollen dennoch angedeutet werden.

Die einzelnen Mitteilungen begann der Chronist mit stereotypen, den Leser auf die Dauer ermüdenden Wendungen wie „Umme dusse tit", „In dussem jare" oder „To dusser sulven tit"[12]. Er verzeichnete die Geschehnisse in der Regel nicht in tagebuchartiger Knappheit, sondern ausführlich — oftmals mit erzählerischem Behagen[13]. Dabei bevorzugte er anschauliche, bisweilen derb-drastische Ausdrücke[14], verfiel aber — abgesehen von Auswüchsen konfessioneller Polemik — kaum einmal in den Grobianismus seines Zeitalters[15]. Zahlreiche Vergleiche, Wortspiele, Sprichwörter und Bibelzitate beleben die Darstellung[16]. Durch wiederholte Anrede, Ausrufe, rhetorische Fragen und die Ausmalung von Rede und Gegenrede der handelnden Personen fesselt er die Aufmerksamkeit seiner Leser[17]. Manchmal würzte er den Bericht mit feiner Ironie oder einem etwas trockenen Humor[18]; hie und da schrieb er im Stil einer Predigt[19].

c) Probleme der Auswertung

aa) Die bisherige Benutzung und die der Quelle angemessene Art der Auswertung

Die Chronik Johan Oldecops wurde unter den in der Einleitung der Arbeit genannten Gesichtspunkten bislang nicht ausgewertet. Vielmehr wurde sie fast ausnahmslos unter dem Aspekt der historischen Fakten benutzt und beurteilt[20].

über die wichtigsten sprachlichen Eigenheiten Oldecops finden sich bei Euling im Nachwort zur Edition (686ff.).

12 Z. B. 1,11; 2,4; 2,14 usw.

13 301,6 (Fluchtversuch des Landgrafen Philipp von Hessen); 393,29 (Trinkwettstreit zwischen einem Steuerwälder und einem Holsteiner); 442,4 (Betrügerische Leichenerweckung durch Calvin). Als „schwerfällig" (so Herte I,26) kann man Oldecops Stil eigentlich nicht bezeichnen.

14 Z. B. 75,15 (in Anspielung auf die Kaiserwahl von 1519): „De hane wolde anderst in dudeschen landen gekreiget hebben, were koning Franciscus ore keiser geworden". 139,25 (1525): Franz I. „feilde de erste griff up der lute".

15 Allenfalls 239,4.

16 Z. B. 43,13 (1514): „Freslant heft hertogen Hinricke [d. Ä. von Braunschweig] und sine bunten buren up gefreten." — Siehe auch 54,32; 87,4; 90,21 u. a.

17 54,6 (Kommentar zu der Notiz, daß es vor A. Krantz nur wenige Chronikenschreiber in Deutschland gegeben habe): „Pho der tracheit!"; 94,23: „Pho dich an!"; 105,12: „Nu mark up, leve leser, . . ." Vgl. auch 38,5; 60,22; 65,67.

18 193,28: „. . . sine dorheit, kunst wolde ik seggen." Siehe auch 214,31; 310,13; 406,33.

19 15,15; 53,2.

20 Neuerdings wurde die Quelle unter kulturgeschichtlichen Gesichtspunkten von

Das Werk wurde z. B. als Quelle für die Geschichte von Stadt und Hochstift Hildesheim herangezogen. J. B. Lauenstein entnahm ihm einzelne Nachrichten für seine 1740 erschienene „Historia Diplomatica Episcopatus Hildesiensis"[21]. H. A. Lüntzel schöpfte aus der Chronik für seine knappgefaßte, noch heute unentbehrliche Darstellung der Einführung der Reformation in Hildesheim[22]. W. Havemann zitierte Oldecop in seiner dreibändigen „Geschichte der Lande Braunschweig und Lüneburg" bei der Schilderung der Hildesheimer Stiftsfehde[23]. A. Bertram diente er in seiner „Geschichte des Bistums Hildesheim" als wichtiger Gewährsmann[24].

Alle diese Autoren unterzogen Oldecops Berichte jedoch nicht ausreichend einer kritischen Nachprüfung im Hinblick auf ihre Genauigkeit. Eine solche Untersuchung nahm erst E. Varnové in einer 1919 erschienenen fleißigen Dissertation vor[25]. Mit viel Scharfsinn überführte sie ihn zahlreicher Ungenauigkeiten und Irrtümer[26]. Die Arbeit, die dem Gehalt seines Werkes allerdings in keiner Weise gerecht wird, hat das Verdienst, seine beschränkte Zuverlässigkeit für die regionale Geschichte aufgezeigt zu haben.

Zum andern beriefen sich auf Oldecop als Beweiszeugen vorwiegend katholische Lutherbiographen des ausgehenden neunzehnten und beginnenden zwanzigsten Jahrhunderts in ihren tendenziösen Darstellungen. H. Grisar zum Beispiel vertraute leichtgläubig den Nachrichten zur Vita Luthers und übernahm die polemischen, zumeist den Kommentaren des Cochläus entstammenden Urteile über den Reformator mit einer Kritiklosigkeit, die sich schwerlich anders als mit parteilicher Voreingenommenheit erklären läßt[27]. An dem im ersten der drei Bände von Grisars Darstellung

E. W. Zeeden ausgewertet (vgl. E. W. Zeeden, Deutsche Kultur in der frühen Neuzeit, in: Handbuch der Kulturgeschichte, begr. v. H. Kindermann, neu hrsg. v. E. Thurnher, 1. Abtlg.: Zeitalter deutscher Kultur, Frankfurt/M. 1968).

[21] Lauenstein, J. B., Historia Diplomatica Episcopatus Hildesiensis. Das ist: Diplomatische Historie des Bißthums Hildesheim, ... Hildesheim 1740 (vgl. zweites Register und zweiter Teil, S. 99ff.).

[22] Lüntzel, H. A., Die Annahme des evangelischen Glaubens-Bekenntnisses von Seiten der Stadt Hildesheim, Hildesheim 1842. Vgl. besonders 7, 11, 22f., 108, 116f., 119, 124, 128f., 131, 136. In einem Anhang gibt Lüntzel einige Auszüge aus dem damals noch nicht edierten Werk wieder.

[23] Havemann, W., Geschichte der Lande Braunschweig und Lüneburg, 3 Bde., Göttingen 1853—57. Vgl. Bd. II, 34, 56f., 62.

[24] Bertram, A., Geschichte des Bistums Hildesheim, 3 Bde., Leipzig 1899—1925. Vgl. besonders Bd. 2. Ob Bertram bei der Benutzung Oldecops immer die notwendige Vorsicht walten ließ, wäre im einzelnen zu prüfen.

[25] Varnové, E., Die Anfänge der Hildesheimer Stiftsfehde und die Chronisten H. Brandis und J. Oldecop. Phil. Diss. Marburg 1919.

[26] Varnové 224—238.

[27] Grisar, H., Luther, 3 Bde., Freiburg 1911—12. Vgl. Bd. I, 18, 21, 26f., 226f.

ohne wesentliche Vorbehalte wiedergegebenen Bericht Oldecops über Luthers Romfahrt[28] entzündete sich die Diskussion über die Glaubwürdigkeit des Chronisten. H. Böhmer wies noch vor den Ergebnissen der Nachforschungen E. Varnovés im regionalen Bereich an zahlreichen Beispielen die geringe Zuverlässigkeit seiner Mitteilungen zur allgemeinen Geschichte nach[29]. Auf die — von Oldecop selbst nie verschwiegene — Abhängigkeit seines Lutherbildes von den Kommentaren des Cochläus machte A. Herte in seinem 1943 erschienenen grundlegenden Werk aufmerksam[30].

Wie oben dargelegt wurde, besitzen die Aufzeichnungen des Hildesheimer Dechanten unter dem Gesichtspunkt der Mitteilung von Fakten zur politischen Geschichte und zur Kirchengeschichte des 16. Jahrhunderts nur einen begrenzten Aussagewert. Sie bilden jedoch eine Fundgrube für kulturgeschichtliche Details[31]. Darüber hinaus vermitteln sie die Gedanken des Chronisten über das Geschehen seiner Zeit, von dessen Verlauf er nur ungenaue Kenntnis hatte. Sie können Aufschluß geben über die innere Verfassung eines katholischen Menschen im Zeitalter der Glaubensspaltung und Konfessionsbildung.

bb) Abfassungszeit

Der Chronist vermerkte, er habe sein Werk „von jaren to jaren, ..., to samende geschreven bet in dat 1563 jar“[32]. Die Tatsache, daß er dies bereits bei den Notizen über das Jahr 1500 behauptete, läßt Zweifel an einer fortlaufend von Jahr zu Jahr vorgenommenen Niederschrift der Denkwürdigkeiten in ihrer endgültigen Form aufkommen. An zahlreichen Stellen wird erkennbar, daß Oldecop

(z. B. „von Natur aus hochmütig“), 269. Diese unkritische Einstellung gegenüber Oldecop behielt Grisar auch in seiner späteren Darstellung „Martin Luthers Leben und sein Werk“ (Freiburg 1926) bei. Siehe dort besonders 34, 48 (Luthers Aufenthalt in Rom), 87 („hochmütig und vermessen“). Vgl. außerdem Majunke, P., Oldecop's Chronik, in: Hist. pol. Bl. 112 (1893), 157—168, 263—278; besonders 157ff.; ferner Denifle, H., Luther und Luthertum, 2 Bde., 1904—1909, Bd. II, 285. Weitere Beispiele siehe bei Herte II, 280, 303, 325, 348, 356.

28 Grisar, H., Luther, Bd. I, 26f.

29 Böhmer, H., Luthers Romfahrt, Leipzig 1914, bes. 13—17. Kritisch über die Glaubwürdigkeit Oldecops hatte sich zuvor bereits N. Paulus geäußert (Paulus, N., Tetzel und Oldecop, in: Der Katholik, Zs. für katholische Wissenschaft und kirchliches Leben 79 (1899), 484—510. Vgl. bes. 484ff., 493, 501).

30 Herte I, 27.

31 Der Herausgeber K. Euling versuchte in seiner kleinen Schrift „Hildesheimer Land und Leute des sechzehnten Jahrhunderts in der Chronik des Dechanten Johan Oldecop“ (Hildesheim 1892) die Aufzeichnungen als kulturgeschichtliches Zeugnis zu würdigen.

32 7,5.

bei seinen Berichten um den Fortgang der Ereignisse wußte[33]. Die Tatsache, daß derartige Vorgriffe auf späteres Geschehen im fortlaufenden Text nicht über das Jahr 1560/61 hinausreichen, deutet auf eine seit Anfang der sechziger Jahre begonnene Konzipierung des Werkes in der überkommenen Fassung[34]. Freilich scheint sich der Autor bereits zuvor Tagebuchnotizen gemacht zu haben, die er dann seit ungefähr 1560/61 systematisch überarbeitete[35].

Die in der Einleitung dieses Abschnitts zitierte Quellenstelle bezieht sich auf diese als Gedächtnisstütze des Chronisten dienende Vorform der Aufzeichnungen.

cc) Herkunft der Nachrichten

Gemäß den Grundsätzen humanistischer Geschichtsschreiber gab Oldecop über die Herkunft seiner Nachrichten Rechenschaft. Sofern er nicht Zeuge der Ereignisse war, entnahm er seine Mitteilungen mit Vorliebe chronikalischen Werken, unter denen er die des Albert Krantz besonders schätzte[36]. Für seine Berichte über Luther und die Reformation stützte er sich hauptsächlich auf die Kommentare des Cochläus, die Kirchengeschichte S. Fontaines und auf die damals weitverbreitete, aber inhaltsarme „Epitome" des Kölner Buchdruckers Jaspar Gennep[37]. Daß er diesen für zuverlässiger als

[33] Z. B. 74,25: an eine angebliche Prophezeiung Kaiser Maximilians I. knüpfte er die Bemerkung: „... vele darna und noch war geworden". Vgl. auch 114,16; 367,15 u. a.

[34] Daß auch noch nach 1560/61 hie und da Hinweise auf spätere Ereignisse gegeben werden, widerlegt nicht die oben vorgetragene Auffassung. Solche Verweise finden sich nämlich fast durchweg am Ende eines Blattes oder Abschnittes (168,37; 423,36 u. a.). Ausnahme: 610,34 (hierbei kann es sich um einen interlinearen Nachtrag handeln). Als Terminus ante quem non bezüglich der Abfassungszeit ist das Erscheinungsjahr (1559) der von Oldecop häufig zitierten „Epitome" Jaspar Genneps zu betrachten. — Für den Beginn der Endredaktion seit 1560/61 plädieren neben anderen Euling, Nachwort 685, Frensdorff, F., Besprechung der Chronik des Johan Oldecop, hrsg. von K. Euling, und von Euling, K., Hildesheimer Land und Leute des 16. Jahrhunderts, in: Göttingische gelehrte Anzeigen, Nr. 25 (10. Dez. 1892), 971, Wolf, G., Quellenkunde der deutschen Reformationsgeschichte, Bd. I, Gotha 1915, S. 449, Schnabel I, 226 und Herte I, 27.

[35] Einzelne Passagen seiner Tagebuchaufzeichnungen ließ er bei der Endredaktion der Chronik unverändert (z. B. 2,12).

[36] 2,2; 43,20; 53,33: in einem kurzen Nachruf auf Krantz (gest. 1517) erwähnt er dessen „Vandalia" (Köln 1519) und „Historiae Saxonicae libri XIII" (Köln 1520). Über Krantz (Crantz) vgl. ADB 17,43f. und LThK², 6, Sp. 595. Ferner diente Oldecop u. a. Caspar Bruschius als Gewährsmann (21,31; vgl. NDB 2, S. 690).

[37] Cochläus, J., Commentaria de actis et scriptis Martini Lutheri, Mainz 1549. Fontaine, S., Historiae ecclesiasticae nostri temporis libri XVII, Bd. I, Köln 1558. Gennep, J., Epitome, wahrhaftige Beschreibung der vornembsten Händel, ... Köln 1559. Vgl. Teil II, Kap. 2 (Abschnitt a).

Sleidan hielt[38], läßt sich nur mit der konfessionellen Befangenheit seines Blickes erklären.

Den heutigen Leser überrascht, wie wenig der Chronist hinsichtlich der Glaubwürdigkeit seiner Gewährsmänner differenzierte: Flugschriften, Flugblättern, gedruckten Briefen, die oft reich an Kuriosa waren, Mitteilungen von Verwandten oder Bekannten und Berichten von Boten, aber auch dem Hörensagen[39]vertraute er gleichermaßen wie seriösen Historiographen. Dieser Sachverhalt zeigt, wie wenig bei ihm das Vermögen entwickelt war, quellenkritisch Geschichte zu schreiben.

dd) Glaubwürdigkeit, Absichten und Tendenzen des Chronisten

Die Ungenauigkeiten der Mitteilungen Oldecops rühren nicht zuletzt von der späten Ausarbeitung seiner Denkwürdigkeiten her. Auch bei der Interpretation muß dieser Sachverhalt berücksichtigt werden: zu einer Zeit, als die konfessionellen Fronten sich mit einiger Klarheit abgezeichnet hatten, berichtete ein Greis mit festgefügten Ansichten über den Lauf der Welt unter anderem über das in weiter Ferne zurückliegende Zeitalter vor der Glaubensspaltung. Seine Jugendjahre vor 1517 rückte er in ein verklärtes Licht.

Bei der Niederschrift stand er unter dem Eindruck des an Boden gewinnenden Calvinismus. Dies mag dazu beigetragen haben, daß er trotz aller sonst gegenüber dem konfessionellen Gegner gezeigten dogmatischen Härte das Luthertum zunehmend milder beurteilte[40].

Eine Veröffentlichung des Werkes zu Lebzeiten hatte er anscheinend nicht beabsichtigt. Er hoffte aber, spätere Generationen würden Einblick in die Aufzeichnungen nehmen[41]. Der Nachwelt galt geradezu sein Hauptanliegen: ihr wollte er zeigen, wohin eine sich zunehmend verschlechternde Welt unter dem Einfluß der Reformation geraten sei[42]. Zugleich führte er unter Verwendung der

[38] 79,18. Vgl. Sleidanus, Johannes, De statu religionis et reipublicae Carolo V Caesare Commentarii, Straßburg 1555 und Teil I, Kap. 2, Anm. 5.

[39] Z. B. 312,33: Gedruckter Brief über Mißgeburt. 400,4: „gedruck" über Kometen. 285,23: Mitteilung eines Vetters in Livland. — 257,23 (im Zusammenhang mit der Nachricht über die Rückkehr eines entlaufenen Kartäusers zum katholischen Glauben): „De Gelsche, Hinrick Gallen borgermesters nagelaten wedewe, de to der negesten want dem vorlopen carthuser wonde, mi also bericht, de bi ome was, do he starf." 544,15; 601,8: „hinkender Bote". 430,31: „Vele lude seggen, ...".

[40] Vgl. IV. Teil, 3. Kap.

[41] 674,26.

[42] 535,14 (Oldecop notiert 1563): „Mine vorlopen seventich jar schriven dut nicht ut lichtferdicheit, sunder umme der nafolgere willen, dat se sein und befinden mogen, wor de luthersche welt hengeraden." Vgl. 31,30.

chronikalischen Darstellungsweise eine kämpferische Auseinandersetzung mit den neuen Lehren. Durch vorsichtige Kritik wollte er außerdem zur Beseitigung von Mißständen beim katholischen Klerus beitragen. Vor der Übertretung kirchlicher Vorschriften warnte er mit abschreckenden Beispielen[43].

Die städtische Herkunft des Verfassers hat sich in einer städtefreundlichen Tendenz seines Werkes niedergeschlagen[44]. Auch nach Einführung der lutherischen Lehre in Hildesheim ist eine echte Sorge des Chronisten um das Heil seiner Vaterstadt zu erkennen[45].

Das Hochstift Hildesheim nannte er sein „vaderlant"[46]. Bedrohungen des Stifts von außen oder von innen empfand er gleichsam als Angriffe auf die eigene Existenz. Dies erklärt seine Animosität gegen den widerspenstigen Stiftsadel und die landhungrigen Herzöge von Braunschweig[47]. In bezug auf Hzg. Heinrich d. J. von Braunschweig (1514—68) scheint sie in späteren Jahren aufgrund konfessioneller Solidarität abgemildert, wo nicht gar aufgehoben worden zu sein[48]. Die Erfahrungen im engeren Heimatbereich hatten sein Urteil über Fürsten und Adel überhaupt geprägt[49] und ihn in seiner kaiserfreundlichen Haltung bestärkt. Vom Kaisertum, das eine altüberkommene Weltordnung verkörperte, mag er eine Zügelung der egoistischen Territorialherrn erhofft haben. Möglicherweise wurde seine kaisertreue Einstellung durch die zeitweiligen persönlichen Beziehungen zum kaiserlichen Hof noch bekräftigt.

Der Chronist betonte wiederholt, er wolle nur die reine Wahrheit berichten[50]. Daran mag er auch subjektiv geglaubt haben, objektiv war sein Blick jedoch befangen. Die Zuordnung des Heiligen Geistes zur katholischen Kirche und des Satans zu den neuen Lehren schloß eine von konfessionellem Vorurteil freie Geschichtsdarstellung von vornherein aus. Stets bewertete Oldecop das Verhalten

[43] Vgl. z. B. 5,24.

[44] Vgl. z. B. 3,2.

[45] Vgl. z. B. 280,14 (im Zusammenhang mit der Behandlung Hildesheims durch den Kaiser nach der Niederlage der Schmalkaldener): „Wes hir vorgeschreven, heb ik, Johannes Oldecop, borgerkint to Hildensem, nemande tovorkleinende, sunder guder wolmenunge angetekent, der gestalt, ift avermals dat romesche rike jegen oren keiser sich uffbomen und steigeren wolde, dat de von Hildensem sik bet bedenken, laten sik nicht mere von den Hessen und Mißeneren in den dans wickelen."

[46] 164,9.

[47] 118,21; 128,31.

[48] 632,9; 262,30.

[49] 22,23: Städte als Horte des Rechts vor der Willkür der „Tyrannen". Siehe auch 75,29; 87,30.

[50] 17,24; 172,36; 228,27 u. a.

von Katholiken und Protestanten mit zweierlei Maß[51]. Die Glaubwürdigkeit seiner Mitteilungen darf man am höchsten da veranschlagen, wo er — nicht ohne innere Überwindung und trotz Voreingenommenheit für den eigenen Glauben — über Nachteiliges für die katholische Sache, z. B. über Mißstände beim Klerus, berichtete. Am geringsten ist sie dort, wo sich seine Nachrichten auf den konfessionellen Gegner beziehen.

d) Überblick über den Inhalt des Werkes

Gemäß der Absicht, die Verschlechterung der Welt im Zuge der Glaubensspaltung aufzuzeigen, bevorzugte der Chronist die düsteren Töne. Er zeichnete eine von Seuchen, Kriminalität, Aufruhr, Fehden und Kriegen erschütterte Welt.

Er war bemüht, die mannigfaltigen kriegerischen Verwicklungen seines Zeitalters möglichst lückenlos festzuhalten[52]. Der Großen Hildesheimer Stiftsfehde (1518—23), deren unmittelbarer Zeuge er nur zeitweilig war, widmete er zum Beispiel einen ausführlichen und in sich abgerundeten Bericht[53]. An dieser und an anderer Stelle wird ein besonderes Interesse Oldecops für militärtechnische Details erkennbar.

Über das politische Geschehen erfährt der Leser verhältnismäßig wenig[54]. Insbesondere vermißt er die Mitteilung von Einzelheiten über die verschiedenen Missionen, auf denen der Hildesheimer Chronist den kaiserlichen Vizekanzler Balthasar Merklin von Waldkirch begleitete. In die stadtpolitischen Vorgänge seiner Heimatstadt fehlte ihm der tiefere Einblick.

Zahlreiche Angaben über Preissteigerungen spiegeln die zunehmende Geldentwertung im 16. Jahrhundert[55]. Die ständisch-hierarchische Gesellschaftsordnung der damaligen Zeit schimmert aus den Aufzeichnungen hervor[56]. Für die Rechtsunsicherheit und Kriminalität, aber auch für die grausamen Methoden der Verbrechenssühnung in der frühen Neuzeit liefert die Quelle eine Fülle von drastischen Beispielen[57].

Sehr ausführlich behandelte der Autor die Ereignisse auf religiös-kirchlichem Sektor. Da dieser Bereich an anderer Stelle eingehend

[51] Siehe IV. Teil, 1. Kap.

[52] Zahllos sind z. B. seine Berichte über die Türkenkriege und die Auseinandersetzungen zwischen Karl V. und Franz I. von Frankreich.

[53] 54,34ff.

[54] Reichstage erwähnt der Chronist nur kurz, für ausführlichere Information verweist er oft auf Gennep oder Sleidan (vgl. 80,16: Worms 1521).

[55] 7,28; 12,27; 607,19.

[56] Vgl. z. B. 1,4; 12,24.

[57] Z. B. 14,4; 57,4; 209,34; 240,38; 406,32; 593,15.

gewürdigt werden soll, kann hier auf die Darlegung von Einzelheiten verzichtet werden.

Auch zum Thema Krankheiten enthält das Werk manche kulturgeschichtlich wertvolle Nachricht[58]. Über Landschaften, Pflanzen und Tiere finden sich — wie durchweg in den zeitgenössischen Chroniken — nur spärliche Mitteilungen. Hingegen wurden Wetterbeobachtungen häufig und mit Akribie vermerkt. Als zeittypisch sind auch Oldecops Sinn für Sprüche und Allegorien[59] sowie sein Interesse für Personen von Rang und Stand[60], für prachtvolle Einritte und Aufzüge[61] und für Kuriosa zu betrachten[62].

Seine Eindrücke von bedeutenden Persönlichkeiten, denen er im Leben begegnet war, schilderte er abgesehen von seinem Präzeptor Luther höchst selten[63]. Ihm mangelte es offensichtlich an der Gabe, die geistige Individualität anderer Menschen zu erfassen[64]. Auch fehlte seiner praktisch-nüchternen Natur ein Sinn für Kunst. Mit besonderem Bedauern konstatiert dies der Leser bei den Nachrichten über Oldecops Aufenthalt in Rom[65].

Hingegen läßt sich der Chronik manche kulturgeschichtlich interessante Einzelheit über alltägliche Lebensgewohnheiten, über Essen und Trinken, Kleidung sowie über Feiern und Feste bei Bürgern und Fürsten entnehmen.

58 Er subsumierte unter den Begriff „Pest" nicht nur die eigentliche Beulenpest, sondern — wie damals üblich — die verschiedensten bösartigen Infektionskrankheiten. Die derben Behandlungsmethoden jener Zeit werden deutlich am Beispiel des um 1529 in Deutschland vielenorts grassierenden „Englischen Schweißes" (164,31).

59 Z. B. 12,12; 75,16; 110,24; 189,9; 245,33.

60 51,13; 243,31; 260,13 u. a. (Hochzeiten und Tod hochstehender Persönlichkeiten).

61 169,4 (Kaiserkrönung Karls V. in Bologna); 20,25; 494,3; 638,35 u. a.

62 Z. B. 209,25: 312,33 (Mißgeburt).

63 Allenfalls 194,31 (Erasmus von Rotterdam).

64 Er charakterisierte Menschen primär nach ihrer äußeren Erscheinung (z. B. 353,5; 470,32). Innere Konflikte von Menschen stellte er nicht dar (allenfalls 23,1).

65 19,12: Julius II. „dref binnen und buten Rome vele buwendes". Vgl. 20,7; 48,2.

3. Kapitel

Lebensgang und geistige Persönlichkeit Johan Oldecops

a) Leben und Wirken

Johan Oldecop wurde 1493 in Hildesheim als Sohn des Stadtbaumeisters Heinrich Oldecop geboren[1]. Kindheit und frühe Ju-

1 4,25; 17,28; 6,32; 24,23; 92,6. Auf seine „bürgerliche« Herkunft war der Chro-

gend des Chronisten bleiben im Dunkel — wie er überhaupt nur selten über die eigene Person berichtete. Aus den Aufzeichnungen geht lediglich hervor, daß er eine Schule besucht hat, doch wird nicht deutlich, ob die Domschule oder eine der zahlreichen Stiftsschulen[2].

Das Studium begann er für damalige Verhältnisse recht spät: am 16. April 1515 wurde er an der aufblühenden Universität Wittenberg immatrikuliert[3]. Dort erwarb er im Oktober des folgenden Jahres das Bakkalaureat[4]. Wahrscheinlich aufgrund studentischer Umtriebe und Ausschreitungen berief der Vater den recht unselbständig wirkenden Sohn im Laufe des Jahres 1517 — vermutlich noch vor dem Zeitpunkt des in der neueren Forschung umstrittenen Thesenanschlags Luthers — wieder nach Hause zurück[5].

Im selben Jahr nahm er von seiner Heimatstadt aus an einer Wallfahrt zum Heiligen Rock in Trier teil[6]. Was er in der folgenden Zeit trieb, ist nicht bekannt. Möglicherweise bereitete er sich auf die damals übliche Art in Form einer Lehre bei einem Geistlichen auf sein Priesteramt vor[7].

Im September 1519 schickte ihn der Vater nach Italien[8]. Seinem mutmaßlichen Wunsch, dort das Studium fortzusetzen, kam der Sohn offensichtlich nicht nach[9], obwohl er vorübergehend in der Universitätsstadt Bologna weilte[10]. Er wartete vielmehr zunächst einem

nist zeitlebens stolz (280,14; 503,14). Der Vater hatte sich unter anderem durch den Bau eines neuen Chores für die Kirche St. Lambert verdient gemacht (24,22). Über Heinrich Oldecop vgl. Oldekop, Th., Das Geschlecht der Oldekop, Hannover 1875, Spalte I.

2 27,22. Einen Überblick über das Schulwesen in Hildesheim im ausgehenden Mittelalter geben Bertram I, 472f. und Gebauer, J., Geschichte der Stadt Hildesheim, 2 Bde., Hildesheim/Leipzig 1922—24, Bd. I, 252f.

3 Foerstemann, C. E. (Hrsg.) Album Academiae Vitebergensis, Leipzig 1841, 54b, 18. Vgl. J. Oldecop 45,7; 608,23.

4 Köstlin, J. (Hrsg.), Die Baccalaurei und Magistri der Wittenberger Philosophischen Fakultät 1503—1517; aus der Fakultätsmatrikel veröffentlicht. Osterprogramm der Universität Halle-Wittenberg, Halle 1887, 519 (Blatt 113a der Matricula I). Vgl. Th. Oldekop, Tafel I, Nr. 9.

5 Der genaue Zeitpunkt seiner Rückkehr ließ sich nicht ermitteln. Oldecop vermerkt, Luther sei „over twe jar lank" sein Präzeptor gewesen (173,1). Vgl. 6,28. Schnabel nennt 1516 als Jahr der Rückkehr (I, 226).

6 39,25 („... und segen dat kleit des hern mit innicheit und frolicheit... ").

7 Vgl. Zeeden, E. W., Über die Krise der Kirche im ausgehenden Mittelalter. Aspekte zur Beurteilung der Mißstände, Karlsruhe 1961 (Sonderdruck aus dem Oberrhein. Pastoralblatt 6/7, Juni—Juli 1961), S. 11.

8 72,26, vgl. 72,9.

9 In den von E. Friedländer und C. Malagola herausgegebenen „Acta nationis Germanicae universitatis Bononiensis ex archetypis tabularii Malvezziani" (Berlin 1887) findet sich der Name Oldecop nicht.

10 20,16.

italienischen Adeligen auf[11]. Anschließend trat er in den Dienst eines der Protonotare der römischen Kurie[12]. In dessen Gefolge reiste er 1522 nach Spanien zum Empfang des neugewählten Papstes Hadrian VI.[13]. Während seines bis 1524 dauernden Aufenthalts in Rom hatte er hinreichend Gelegenheit, das Leben und Treiben an der Kurie zu beobachten.

Erst nach seiner Rückkehr aus Italien wurde er zum Priester geweiht[14]. Wie er in der Chronik vermerkt, habe er bereits 1527 eifrig gegen die lutherische Lehre gepredigt[15]. Nach der Wahl des kaiserlichen Vizekanzlers Balthasar Merklin von Waldkirch zum Bischof von Hildesheim[16] wurde er zu dessen Kaplan ausersehen und nach Spanien gesandt[17]. In dieser Stellung begleitete er seinen Herrn auf verschiedenen Missionen[18]. 1529 weilte er auf dem Reichstag zu Speyer[19]. 1530 war er anscheinend Zeuge der Kaiserkrönung in Bologna[20].

Im selben Jahr wurde er kurz nach seiner Entlassung aus den Diensten Balthasar Merklins Scholaster am Kollegiatstift zum Heiligen Kreuz in Hildesheim[21], dem er seit 1528 angehörte[22]. Als nach der Einführung der lutherischen Lehre in Hildesheim der katholische Gottesdienst verboten wurde, bekam er die Wirkung der Reformation am eigenen Leib zu spüren: er sah sich 1544 genötigt, vorübergehend die Heimatstadt zu verlassen[23]. Während der Bauzeit seines Wohnhauses im „Kläperhagen“ wurde er 1549 Dechant des Kreuzstifts[24]. Seit dieser Zeit verließ er Hildesheim nur noch

[11] 82,2.

[12] 121,1 (Gianbattista de Casalis).

[13] 92,30.

[14] Vgl. Doebner, R., Studien zur Hildesheimischen Geschichte, Hildesheim 1901, S. 81; Urkundenbuch der Stadt Hildesheim, hrsg. v. R. Doebner, 8. Teil 1481—1597, Hildesheim 1901, Nr. 749, S. 599.

[15] 468,20.

[16] Dieser war damals bereits Koadjutor in Konstanz (vgl. LThK^2, VII, Sp. 308). Zum Bischof von Hildesheim wurde er am 6. Mai 1527 gewählt (Bertram II, 50ff.).

[17] 155,10.

[18] 160,8.

[19] 166,12.

[20] 169,1, vgl. 167,13. Siehe auch Euling, Nachwort 684 und Th. Oldekop, Tafel I, Nr. 9. Bestritten von F. Frensdorff (979).

[21] Euling, Nachwort 685. Vgl. J. Oldecop 216,22.

[22] ADB 24, 239f.

[23] Er reiste zum Reichstag in Speyer (233,9: „mine hern und susten gude bekande gesellen an des keisers hoffe einmal besoken wolde“) und nach Hamburg (144,16; 448,25).

[24] In der Inschrift auf der Vorderseite des Hauses bezeichnete er sich als „scholasticus“, auf der Rückseite als „dechanus“ (Th. Oldekop, Sp. 3). Vgl. R. Doebner 65, Brandis, Diarium 72.

selten[25]. An führender Stelle im katholischen Klerus seiner Vaterstadt hatte er Einblick in das dortige kirchenpolitische Geschehen.

Johan Oldecop war zeitlebens eine robuste Natur; erstmals 1572 scheint er länger krank gewesen zu sein[26]. Vor seinem Tod regelte er, dem „Ordnung" in der Welt über alles ging, auch seine persönlichen Angelegenheiten. In seinem am 1. Januar 1573 ausgefertigten Testament spiegelt sich die Überzeugung von der Wichtigkeit der guten Werke für das Seelenheil[27].

Am 9. Januar des folgenden Jahres starb er in seiner Heimatstadt[28].

b) Wissen und Bildung

In den zwei Jahren seines Studiums in Wittenberg hatte der Chronist zwar kein hinreichendes Rüstzeug für eine zugleich tiefgründige und gewandte theologische Diskussion erworben; er hatte aber ein reiches, wenn auch nicht durchgängiges theologisches Wissen mit nach Hause genommen[29].

Relativ gute Lateinkenntnisse erleichterten ihm die Ausübung seines geistlichen Amtes[30]. Entsprechend dem lebhaften astronomisch-astrologischen Interesse der Zeit hatte er sich während seines Wittenberger Aufenthaltes dilettantische Kenntnisse auf dem Gebiet der Sternkunde angeeignet[31]. Seine Vorstellungen auf medizinischem Gebiet entsprachen den für heutige Begriffe oftmals abstrusen heilkundlichen Anschauungen, wie sie in jener Zeit auch bei gelehrten Ärzten verbreitet anzutreffen waren[32]. Über die geographische Lage von Orten und Ländern hatte Oldecop einigermaßen klare Vorstellungen.

Sein primär kirchengeschichtlich ausgerichtetes historisches Wissen war punktuell[33]. Tatsächliches mischte sich mit Sagenhaftem[34]. Ohne

[25] 362,10 (1554 in Lübeck); 355,33 (1556 in Wolfenbüttel).

[26] 668,3 („Memento mori"); 674,25.

[27] Bedachte Siechenhäuser. Testament abgedruckt bei Euling, Nachwort 678ff.

[28] Vgl. Brandis, Diarium 124 und Euling, Nachwort 685.

[29] Er war in der Lage, theologische Gedankengänge nachzuvollziehen (48,30; 140,24).

[30] 7,3. Er scheint außerdem elementare Italienischkenntnisse besessen zu haben (vgl. 37,2).

[31] 137,33; 391,32.

[32] 86,21; 121,21: Die Obduktion des Leichnams Hadrians VI. habe ergeben, daß der Papst mit pulverisierten Edelsteinen vergiftet worden sei. Das Pulver habe sich „unden in de magen" gesetzt und so lange darin gelegen, „dat de stein dorch de magen bette". Vgl. 164,31; 215,13.

[33] Vgl. z. B. 29,23; 459,15 (Ketzer der Kirchengeschichte).

[34] Z. B. 255,13: Friedrich II. sei von seinem Sohn erwürgt worden. 490,14 („. . . de roden Juden, de Alexander Magnus in den bargen besloten, weren ut gebroken . . . ").

Bedenken projizierte er Zustände der eigenen Zeit auf die Vergangenheit zurück[35].

Wie die Chronik ausweist, war seine Belesenheit vielseitig[36]. Bei aller Zufälligkeit der Auswahl ist — ähnlich wie bei Heinrich von Pflummern — ein gewisses Schwergewicht bei Werken katholischer Kontroverstheologen des 16. Jahrhunderts zu erkennen[37].

Der Hildesheimer Chronist überragte bildungsmäßig die Mehrzahl seiner Amtskollegen. In der begrenzten Zahl von Geistlichen, die damals überhaupt eine Universität besucht hatten, gehörte er zu den wenigen, die einen akademischen Grad erlangt hatten[38]. Durch die Wahl Wittenbergs zum Studienort gab ihm der Vater Gelegenheit, die geistigen Strömungen der Zeit in breiter Fächerung kennenzulernen: an der damals aufblühenden Universität wurde die Scholastik — sowohl die thomistische „via antiqua" als auch die ockhamistische „via moderna" — durch mächtige Vertreter repräsentiert. Auch die Humanisten besaßen großes Gewicht[39]. Inwieweit Oldecop die gebotenen Bildungsmöglichkeiten nützte, ist aus seiner Chronik nicht klar zu erkennen. Die Begegnung mit dem im entscheidenden inneren Umbruch befindlichen Martin Luther wirkte nicht nachhaltig auf die theologischen Ansichten und das Weltbild des späteren Dechanten ein.

Die zweite überragende Persönlichkeit der Zeit, Erasmus von Rotterdam, hatte er flüchtig kennengelernt[40]. Für dessen geistige Welt fehlte dem dogmatisch starren Oldecop das rechte Verständnis. Er hielt ihn für eine schillernde Gestalt[41]. Mitunter ist freilich eine humanistische Beeinflussung des Chronisten zu bemerken[42]. Soviel die in der Spätzeit seines Lebens abgefaßten Aufzeichnungen erkennen lassen, wäre es dennoch kaum gerechtfertigt, ihn den nicht gerade wenigen katholischen Geistlichen zuzurechnen, die zumindest anfänglich Anhänger und Förderer des Humanismus gewesen waren[43].

[35] 461,19: Mohammed „was ein lantferer".

[36] Vgl. z. B. 466,7 (Koran).

[37] Siehe oben I. Teil, 2. Kap. (c, cc), außerdem III. Teil, 3. Kap. (c, bb).

[38] Vgl. Zeeden, Krise 11 und Oediger, F. W., Über die Bildung der Geistlichen im späten Mittelalter, Leiden/Köln 1953, S. 65f., 68, 76f.

[39] Vgl. A. Franzen, in: LThK², Bd. 10, Sp. 1200f.

[40] 1529 anläßlich eines Besuches Balthasar Merklins in Freiburg (163,11).

[41] Er lobte zwar das sprachliche Talent des Erasmus, den Inhalt seiner Schriften aber hielt er für „fleischlich" und „leichtfertig". Auch verzieh er ihm nicht, daß er die Kutte abgelegt habe; er hielt ihm aber zugute, daß er nicht „gut luthersch" gewesen sei (194,31; 31,28; 36,3).

[42] Z. B. 173,1 (Begründung seiner Lutherlektüre). Vgl. II. Teil, 2. Kap. (c). 6,36; 608,27 (Bildungsstolz).

[43] Eder, K., Deutsche Geisteswende zwischen Mittelalter und Neuzeit, Salzburg/

c) Gesichtskreis und Kritikvermögen

Johan Oldecop war weiter in der Welt herumgekommen als die meisten seiner Zeitgenossen. Sein Horizont reichte dementsprechend weiter als der der meisten Städtechronisten seines Jahrhunderts. Er beschränkte sich nicht auf Mitteilungen aus dem engeren Heimatbereich, sondern berichtete aus allen Teilen der ihm bekannten Welt.

Die Nachrichten stehen dennoch nicht beziehungslos nebeneinander, sondern sind zumeist einander zugeordnet: entweder stehen sie in Zusammenhang mit den Schicksalen von Stadt und Hochstift Hildesheim[44], oder bilden sie Beispiele für die Verschlechterung der Zeiten. Dabei standen für ihn auch wiederum diese beiden Bezugspunkte in einem inneren Verhältnis[45].

Auf seinen Reisen achtete der Chronist sorgsam auf die vermeintlichen Auswirkungen der neuen Lehren[46]. Seine Ansichten über den Lauf der Welt bildete er sich nicht erst aufgrund seiner Reiseeindrücke, sondern er sah unterwegs eine vorgefaßte Meinung lediglich bestätigt.

Ansätze zu einem gewissen Kritikvermögen werden aus den zahlreichen Randglossen zu seinem Exemplar der Kirchengeschichte des Fontanus sichtbar[47]. Bezüglich seiner Belesenheit ließ ihn die Magie des gedruckten Wortes oft nicht zwischen wichtigen und unwichtigen Druckerzeugnissen unterscheiden.

An anderer Stelle der Arbeit sind die Rückwirkungen der konfessionellen Spaltung auf Oldecops kritischen Sinn zu untersuchen[48].

Leipzig 1937, S. 116. F. Schnabel (I,226), der ihn „einen feinen humanistisch gebildeten Mann und ruhigen Beobachter, der fern von den Kämpfen steht", nennt, verkennt Oldecop.

[44] In einer Mitteilung über die Wallfahrt vieler Deutscher im Jubeljahr 1500 nach Rom erwähnt Oldecop eigens einen Teilnehmer aus Hildesheim (1,4: „... und Hans von Holthusen, ein borger to Hildensem"). Nach Anschauung des Chronisten mag dieser Bürger gleichsam stellvertretend für die gesamte Bürgerschaft Seelenheil erworben haben. Es klingt hier die Vorstellung von der mittelalterlichen Stadt als einer „civitas christiana" an.

[45] Vgl. III. Teil, 1. Kap. (Abschn. b).

[46] 173,9.

[47] Auszugsweise abgedruckt bei Euling, K., Zur Charakteristik des Hildesheimer Chronisten Oldecop. In: Jb. des Vereins für niederdeutsche Sprachforschung 27 (1901), 154—157.

[48] Vgl. IV. Teil, 1. Kap.

4. Kapitel

Die Frömmigkeit des Chronisten

a) Vorbemerkung

Der Historiker ist für Aussagen über die geistige Persönlichkeit des Chronisten einzig auf dessen der Nachwelt hinterlassene Aufzeichnungen angewiesen. Er läuft Gefahr, Gedanken und Stimmungen des Augenblicks, welche sich darin niedergeschlagen haben, als typisch für die Person des Autors oder gar die Geisteshaltung seines Zeitalters anzusehen. Bei Verallgemeinerungen aufgrund chronikalischer Mitteilungen ist somit größte Vorsicht geboten. Dies gilt um so mehr, wenn es sich darum handelt, Merkmale der Frömmigkeit eines Menschen zu skizzieren, entzieht sich doch gerade die Sphäre der Frömmigkeit weitgehend der historischen Erkenntnis.

Im folgenden können deshalb nur Anhaltspunkte für Oldecops Frömmigkeit gegeben werden. Als Vergleichsquelle soll neben anderen der „Hortulus animae" herangezogen werden, das „am weitesten verbreitete Gebetbuch im ausgehenden Mittelalter"[1].

b) Gottesvorstellung und Teufelsglaube

Der Chronist versuchte zwar wiederholt, den göttlichen Willen zu ergründen, reflektierte aber niemals über das Wesen Gottes. Abgesehen davon, daß er in Paradoxie zu ersterem Verhalten ein solches Vordringen in den Bereich des Göttlichen wahrscheinlich als menschliche Vermessenheit verurteilt haben würde, lag seiner nüchternen, aufs Praktisch-Nützliche bezogenen Natur diese theoretische Fragestellung fern: nicht Gott in seinem absoluten Sosein war von Belang, sondern Gott in Bezug zu Welt und Mensch.

Für Oldecop war es außer Zweifel, daß der allmächtige und allgegenwärtige Gott den Ablauf der Weltgeschichte lenkte und über Lebensdauer und Glück oder Unglück der Menschen entschied[2].

[1] Schrott, A., Das Gebetbuch in der Zeit der katholischen Restauration, in: Zs. für katholische Theologie, hrsg. von der Theologischen Fakultät der Universität Innsbruck 61 (1937), S. 2. Der „Hortulus animae" wurde auch noch im 16. Jahrhundert herausgegeben.

[2] 22,29: Die Wächter einer Stadt wachten vergeblich, „so de here de stat nicht bewaret". 61,32; 68,25; 113,3: Schicksal des Hochstifts Hildesheim in Gottes Hand. 215,11: Gott auch Lenker der Türken. Vgl. 336,19; 407,15; 639,32; 660,5 ([1571] Sieg über die Türken bei Lepanto: „mit goddes hulpe de Turken overwunnen"). 93,16: Gott als Gebieter der Natur („got gaff guden wint und weder"). 472,4: An Christen, die von den Moskowitern enthauptet und den Tieren zum Fraß überlassen worden waren, habe „got dar ein mirakel ertzeiget, dat noch wulf, hunt eder vogel der christen corper gerort eder vorseret hedde." — Für Oldecop gab es neben Gott keine „Fortuna".

In seinem eigenen Leben glaubte der Chronist vorwiegend Erweise göttlicher Gnade zu erkennen[3]. Er betrachtete es zum Beispiel als günstige Fügung Gottes, daß er aus Wittenberg eben zu dem Zeitpunkt wieder nach Hause zurückberufen worden sei, als Martin Luther sein neues Evangelium „unter der Bank hervorgezogen" habe[4]. Die Überzeugung, Gott greife helfend in das eigene Leben ein, ist typisch für Chronisten und Autobiographen des 16. Jahrhunderts jedweder Konfessionszugehörigkeit[5]. Dieses naive Gottvertrauen verlieh den Autoren Kraft für die Bewältigung ihres Lebens im Diesseits. Möglicherweise schloß der Hildesheimer Dechant von der Erfahrung eines gnädigen Gottes in dieser Welt auf persönliches Seelenheil im Jenseits. Solche Folgerungen zog er allerdings niemals expressis verbis.

Gegenüber der Umwelt des Chronisten trug Gott zumeist ein alttestamentlich-strafendes Antlitz. Schlechter Lebenswandel, Hoffart, Neigung zu Ungehorsam und Aufruhr und ähnliche Erscheinungen einer sich verschlechternden Welt bildeten Anlässe göttlicher Strafe[6]. Der konfessionell befangene Chronist sah Gottes Zorn zudem vor allem durch das Verhalten der Andersgläubigen herausgefordert[7].

Göttliche Strafe war im Diesseits wie im Jenseits zu gewärtigen. Bereits in dieser Welt wurden einzelne Missetäter von Krankheiten

[3] Vgl. 7,8: dankt 1563 Gott „vor alle gude an lif und sele, ere und gude", die er ihm erwiesen habe. Vgl. 6,16.

[4] 6,26 („und velichte nicht ane sunderliche disposition des allmechtigen").

[5] Über wunderbare Errettung aus Gefahr und Todesnot usw. berichten z. B. wiederholt Sastrow, B., Herkommen, Geburt und Lauff seines gantzen Lebens, ... hrsg. von G. Chr. F. Mohnike, 3 Bde., Greifswald 1823/24 (vgl. besonders I, 4, 57, 67, 77, 271, 273, 300, 305, 374, 376, 384, 387ff., 398, II, 20 u. a.) und Schweinichen, H. v., Denkwürdigkeiten, hrsg. von H. Oesterley, Breslau 1878 (vgl. 23, 143, 208, 558 u. a.). Vgl. auch Westhoff 215, 226, 239, 381.

[6] 396,19: Bischof Friedrich von Holstein, der „den wagen der unfledicheit in fleißlicher untucht und boser wollust ... gedreven hadde und utwendich sik in freten und supen, untucht und vorspildunge velen geldes (...) openbar erzeiget und declareret hadde", sei von Gott mit dem „stinkeden franzosen" heimgesucht worden. Vgl. auch 387,23, 307,9: Der kurz zuvor errichtete Turm der St.-Andreas-Kirche in Braunschweig sei 1550 vom Sturm umgeworfen worden, da er „tom hoffarde und over de mate erhoget" gewesen sei. Siehe auch 47,13; 198,5; 377,28. 16,7: Strafe für Nichteinhaltung des Fehdeverbots während der Fastenzeit. 215,29: Granvelle sei wegen angeblichen Verrats an der katholischen Sache „des geiden dodes" gestorben. B. Sastrow war davon überzeugt, daß Gott Aufruhr „noch in tertiam et quartam generationem" bestrafe (I, 169). Cl. Sender vermerkt unter dem Jahr 1530: „... von unsers sindlichen lebens wegen ist got der herr krechtigklich über uns erzirnet" (252).

[7] Vgl. darüber III. Teil, 1. Kap., b.

und frühzeitigem oder qualvollem Tod heimgesucht[8]. Menschliche Gemeinschaften wurden von Seuchen, Unwettern, Bränden und dergleichen gegeißelt[9]. Der Chronist vermerkte auch des öfteren, daß Frevler ihre Vergehen wider Willen selbst verraten hätten[10]. Darin sah er eine Spielart göttlicher Strafe, die besonders eindringlich die Ohnmacht des menschlichen im Vergleich zum göttlichen Willen zeigte.

Trotz dieser Abhängigkeit von Gott räumte Oldecop den Menschen einen weiten Spielraum freier Entscheidung zwischen Gut und Böse bzw. Seelenheil und Verdammnis ein. Auch wenn sie bereits den Weg der Sünde eingeschlagen hatten, konnten sie noch umkehren, denn Gott war „barmhertich" und „lankmodich" in seinem Gericht. Er stelle sich lange Zeit, als ob er „unse sunde nicht vormerkede" und warte geduldig ab, „dat wi to frede und selich werden mochten"[11].

Die Entscheidung zum Guten werde den Menschen dadurch erleichtert, daß Gott in ständiger Verbindung zu ihnen stehe: vorwiegend durch das Medium der Natur offenbare er seinen Willen. Blutregen, feurige Wolken, Sonnenfinsternisse, Kometen und andere Himmelserscheinungen, aber auch Brände und Mißgeburten deuteten Oldecop und seine alt- oder neugläubigen Zeitgenossen einhellig als Fingerzeige Gottes[12]. Mit der „Naivität religiösen

[8] Als Hzg. Hans von Meissen „lange den wagen der untucht gedreven" habe, sei er vom Antoniusfeuer verzehrt worden (115,25). Vgl. auch 408,27; 447,1.

[9] 90,37: „... stormede got ok mit donner, blixen und hagel, regen, wint und kulde, ..." Vgl. 516,35.

[10] 13,32; 15,4; 54,9; 435,2; 641,25.

[11] 5,5; 198,7: „Weil nu got ein tit lank der minschen vornement ansut et fingit, pacta nostra nescire, propter penitentiam, ...". Vgl. 579,35.

[12] Feuerzeichen am Himmel bedeuten Erdbeben oder Pest (176,19; 598,1; 603,11), Kometen kündigen den Tod hochstehender Persönlichkeiten an (116,21; 392,22: „Summa de cometa frat dut jar [1556] mannigen chur und fursten, graven, frihern und de besten vom adel, nichtoweinich nam de cometa ok mannigen jovisten mede."), eine Sonnenfinsternis zeigt Hagel und Kälte an (611,17). Vgl. auch 260,23; 312,24; 343,17; 600,11 u. a. Ähnliche Notizen finden sich z. B. auch in den Werken Dietrich Westhoffs und Johannes Kesslers (Kessler, J., Sabbata, unter Mitw. von E. Egli u. R. Schoch hrsg. vom Histor. Ver. des Kantons St. Gallen, St. Gallen 1902). Westhoff kommentiert Sonnenfinsternis von 1544: „... dweil aen sunderlung verenderung der erdeschen creaturen solche constellationes nicht aftogaen plegen, wie solche der ervarung genoechsam bewiset ..." (450). Nach J. Kessler setze „der allmechtig Gott solliche zaichen dannzumal an den himel", „so er in einem grimmen über uns erzürnt und sin zorn über uns entbrunnen und billiche straf fürzenemmen, aber hievor vetterliche warnent, ob wir unseren argen stand besseren und zu im umb gnad und erbermbd rufen und schrijen welten" (362).

Kurzschließens"[13] räsonierte der Chronist über die Bedeutung solcher Zeichen. Unter Anwendung menschlicher Denk- und Urteilskategorien versuchte er den göttlichen Willen zu ergründen[14]. Ihm wurde freilich nicht bewußt, daß er Gott damit auf eine menschliche Ebene herabzog.

Die Richtschnur für Gottes Verhalten ergab sich ihm z. B. aus Matthäus 18, 23—35. Dieser und anderen von ihm einseitig interpretierten Schriftstellen entnahm er, daß Gott den Menschen entsprechend ihren sichtbaren guten Werken Lohn gebe[15]. Durch Verrichten zahlreicher guter Werke konnten sie aufgrund der damit bewiesenen moralischen Qualifikation — zugespitzt formuliert — geradezu eine Anwartschaft auf ewiges Seelenheil erwerben. Auch durch diese gefährliche Vereinfachung wurde Gott in die Sphäre menschlicher Berechenbarkeit gerückt.

In solcher Überbetonung des „Verdienstgedankens" stand Oldecop in unüberbrückbarem Gegensatz zu seinem ehemaligen Lehrer Luther[16]. Für dessen Ringen um einen gnädigen Gott fehlte ihm das Verständnis.

Die ruhige Gewißheit über die Versöhnbarkeit Gottes ließ keinen Raum für religiöse Erregbarkeit, Lebensunsicherheit, Todesfurcht und ähnliche Phänomene, welche in der Literatur häufig zur Charakterisierung des Seelenzustandes der Menschen des ausgehenden Mittelalters angeführt werden[17].

Nach Ansicht des Chronisten griff neben Gott auch der Satan ganz real in das Weltgeschehen ein. Obgleich dieser letztlich Gott

[13] Zeeden, E. W., Die Entstehung der Konfessionen, Grundlagen und Formen der Konfessionsbildung im Zeitalter der Glaubenskämpfe, München/Wien 1965, S. 108.

[14] 1563 grübelt Oldecep über die Vorbedeutung einer Raupenplage: „Got beware uns . . . , dat de velen rupen nicht beduden und medebringen krich und dure tit. Pestilentia wart nicht komen; wente got is dusser joget so gut nicht, wente de moet erst ore ungehorsame olderen plagen und from maken" (532,11). Vgl. auch Kessler 143, 165, 264 u. a.

[15] 357,19. Vgl. auch 596,10.

[16] Es wäre im einzelnen zu untersuchen, inwieweit dieser „Verdienstgedanke" auch bei protestantischen Chronisten fortlebte. Anhaltspunkte dafür ergeben sich z. B. bei Johannes Berckmann, Stralsundische Chronik, hrsg. von G. Chr. F. Mohnike und E. H. Zober, Stralsund 1833 (vgl. 25,42).

[17] Vgl. Seidlmayer, M., Weltbild und Kultur Deutschlands im Mittelalter, in: Handbuch der deutschen Geschichte, begr. von O. Brandt, neu hrsg. v. L. Just, Bd. I, Abschnitt 6, Darmstadt 1954, S. 75. Andreas W., Deutschland vor der Reformation — Eine Zeitenwende, Stuttgart [6]1959, S. 184, 200. Rohr, J., Die Prophetie im letzten Jahrhundert vor der Reformation als Geschichtsquelle und Geschichtsfaktor. Ein Beitrag zur Geschichte der öffentlichen Meinung, in: Histor. Jb. 19 (1898), S. 31.

untergeordnet sei[18], besitze er bis zum Jüngsten Tag einen gewissen Spielraum freien Wirkens in der Welt. Bis zu diesem Zeitpunkt versuche er überall und in vielerlei Gestalt den göttlichen Heilsplan zu durchkreuzen[19]: er verführe die Menschen zu Müßiggang, Unzucht, Aufruhr, Zauberei und Mord[20]. Oldecop, der dem massiven Teufelsglauben seines Zeitalters verhaftet war[21], interpretierte darüber hinaus Gemüts- und Geisteskrankheiten durchweg als „Teufelsbesessenheit"[22].

In breit angelegten Schilderungen über dergleichen Vorfälle versuchte er seine Leser zur Wachsamkeit gegenüber den Anfechtungen des Satans zu ermahnen.

c) Formen seiner Frömmigkeit

Der Hildesheimer Dechant und seine Zeitgenossen waren überzeugt, Gott offenbare sich ihnen durch sichtbare Zeichen. Umgekehrt war auch das menschliche Streben zu Gott zumindest für altgläubige Chronisten auffallend stark an sinnfällige Formen gebunden: Glaube — von ihnen im allgemeinen einseitig verstanden als das Bemühen um persönliches Seelenheil — vollzog sich für Johan Oldecop, Dietrich Westhoff, Heinrich von Pflummern und andere katholische Chronisten des 16. Jahrhunderts vor allem im Bau von Kirchen und Kapellen, in Wallfahrten und Prozessionen, frommen Stiftungen und ähnlichen sichtbaren guten Werken[23]. Diese Glaubensformen, die zugleich herausgestellt wurden als wichtige Unter-

[18] 7,22 („o here got, barmhertige vader, sture dem Satan...“). Vgl. 463,13 (unterscheidet zwischen „vorhenchnisse goddes“ und „vorordunge des duvels“).

[19] 123,6 (in Gestalt eines Bußpredigers).

[20] 4,31; 29,32; 565,7; 388,30 (Kindermord): „... ut anreizinge und ingevinge des leidigen Sathans dusse gruweliken und erschreckligen moert an sinen egen kinderen begangen.“ Vgl. 38,8 (Satan habe weltl. Herzogtum aus dem Ordensland Livland machen wollen); 549,9.

[21] Z. B. hatte auch der sonst so nüchterne Sastrow eine intensive Teufelsvorstellung. (Vgl. z. B. I, 71ff.).

[22] 177,14: eine Magd war „mit dem bosen geiste“ besessen. 573,11.

[23] Einige Beispiele aus zahllosen: 24,22 (Oldecops Vater maßgeblich am Bau eines neuen Chors für die Kirche St. Lambert beteiligt): „... buweden dare ... einen nigen choer, ..., und leten den nigen torn fin mit copper decken und tugeden dar in twe nige klocken und in de kerken ein nige orgelenwark, dat ider from christenminsche dar lust und leve in hadde.“ Vgl. 21,34. 1,1; 39,13 (1512 Wallfahrt Maximilians I. nach Trier); 52,28 („ackshe fart“); 99,18; 198,12; 508,7. 52,11 (1517 „Passio Johannis“ in Hildesheim aufgeführt). Vgl. 196,11. Inwieweit solche sichtbaren Glaubensformen trotz des lutherischen „Sola-fide-Prinzips“ auch bei protestantischen Chronisten von Bedeutung waren, wäre zu untersuchen. Einen Überblick über die Frömmigkeitsformen des ausgehenden Mittelalters geben Andreas 140ff. und Bauerreiss, R., Kirchengeschichte Bayerns. 5. Bd.: Das XV. Jahrhundert, St. Ottilien o. J., S. 183ff.

scheidungsmerkmale des Katholizismus von den neuen Lehren, gingen „auf ein tieferes Prinzip zurück, in dem die katholische Kirche von den andern Konfessionen in der Tat stark differierte: auf die Vergegenständlichung der Religion“[24].

Von der oft überschwenglichen Marien- und Heiligenverehrung des ausgehenden Mittelalters[25] ist in den Aufzeichnungen nur wenig zu bemerken[26]. Dies mag zum einen in einer — wenn auch nur indirekten — Beeinflussung des Chronisten durch die religiöse Erneuerungsbewegung der „Devotio moderna“ begründet gewesen sein[27]; zum andern mag dazu die Tatsache beigetragen haben, daß Gott von Oldecop in menschliche Nähe gerückt worden war. Damit wurden „Mittler“ weitgehend überflüssig. Der pragmatisch denkende Chronist nahm den direkten Weg zu Gott.

Einen gewissen Ausgleich zu den im Vordergrund stehenden guten Werken bildete die Verehrung Christi. Dem leidenden Christus wandte er sich in seinen Aufzeichnungen des öfteren zu[28]. Zum Beispiel stellte er sich bei der Betrachtung des Heiligen Rockes in Trier die Wunden des Erlösers lebhaft vor[29]. In dieser ausgeprägten Christusfrömmigkeit wirkte mittelalterliche Passionsfrömmigkeit fort[30], die durch Einflüsse der „Devotio moderna“ möglicherweise noch verstärkt wurde. Anstöße von seiten der Reformation sind nicht zu erkennen.

Vom Altarsakrament sprach Oldecop stets voller Ehrfurcht[31]. Gleich Dietrich Westhoff verknüpfte er damit Vorstellungen, die an Aberglauben grenzten[32]. Von dem teilweise übertriebenen eucha-

[24] Zeeden, Entstehung 131.

[25] Vgl. Hortulus anime Tütsch, Basel 1518 (bes. Fol. XIIII, XXff., LII, LXXIVff., LXXXIIff., XCI).

[26] Nur an einer Stelle spricht er von Maria als „der uterwelden moder goddes“ (27,3). Vgl. 122,35 (schildert Heiligenlegende primär in der Absicht, die Allgegenwart des Satans zu demonstrieren). Stärkere Anhänglichkeit an die Heiligen wird bei Heinrich von Pflummern sichtbar (z. B. 182, 205).

[27] In Hildesheim bestand eine Niederlassung der Brüder vom gemeinsamen Leben. Vgl. LThK², Bd. II, Sp. 723.

[28] 15,15 („... unse schipper und salichmaker Christus Jesus, des almechtigen vaders alderleveste sone, umme unsen und unser sunde willen an dem holte des hilligen crutzes unschuldig gestorven, ...“). Vgl. 174,17.

[29] 39,13.

[30] Zeeden, Entstehung 141; Rücklin, G., Religiöses Volksleben des ausgehenden Mittelalters in den Reichsstädten Hall und Heilbronn, in: Historische Studien, Heft 226, Berlin 1933, S. 112.

[31] 174,10: „dat hochwerdige und hillige sacrament“. Vgl. 226,23; 618,17 u. a.

[32] 135,27: Die Eucharistie habe das Löschen eines Brandes begünstigt. Ähnliches Beispiel bei Westhoff 402.

ristischen Kult des ausgehenden Mittelalters ist in der Quelle nichts zu spüren[33].

Über die Häufigkeit seines Sakramentsempfangs gibt der Chronist keine Auskunft. Auch über sein Gebetsleben erfährt der Leser kaum etwas. Ob der Autor bei den zahlreich in sein Werk eingestreuten frommen Wünschen echte Empfindungen hegte, läßt sich nicht entscheiden[34]. Bezeichnend scheint, daß er in einem Gebet, in das seine Schilderung an einer Stelle ausmündet, ein konkretes Anliegen vorbrachte, nämlich die Bitte um Gottes Beistand gegen die Türken[35].

Unter dem Einfluß der Reformation nahm seine Frömmigkeit gelegentlich bekenntnishafte Züge an[36]. Dieses Moment tritt bei ihm allerdings nicht in demselben Maße hervor wie z. B. bei Heinrich von Pflummern. In der Tatsache, daß Oldecop die Kirche wesentlich in die Sphäre seiner Frömmigkeit einbezog, ist eine Auswirkung der Glaubensspaltung zu sehen[37].

Schließlich ist anzufügen, daß der Hildesheimer Chronist den verbreiteten Glauben seiner Zeitgenossen an Wunder, Riesen, Gespenster, Zauberei und Hexen teilte[38]. Seine Haltung gegenüber astrologischen Weissagungen, wie sie damals allerorten im Schwange waren, war jedoch zwiespältig. Die ihm keineswegs entgangene Diskrepanz zwischen Prophezeiung und Realität, mehr noch der Mißbrauch, der seiner Ansicht nach in der konfessionellen Auseinandersetzung mit solchen Voraussagen zum Nachteil der katholischen Kirche betrieben würde, machten ihn mißtrauisch gegenüber

[33] Vgl. Schnürer, G., Kirche und Kultur im Mittelalter, 3. Bd., Paderborn 1930, S. 253.

[34] 26,5; 57,7 (für Mordbrenner); 103,20; 195,34 (für Erasmus): „Got troste sine sele! Amen.“ 211,24 u. a.

[35] 598,32: „... dat de Turke, ... moge durch dine gotliche hant, umme dines leven sones Christi Jesu, unsen herrn und zalichmaker, willen erslagen und vordelget werden.“

[36] Hebt z. B. hervor, daß Katholiken im Gegensatz zu den Lutheranern das Evangelium im Stehen anhörten (151,5). Vgl. Heinrich von Pflummern 180.

[37] Über das Kirchenbewußtsein Oldecops vgl. Teil III, Kap. 4. Vgl. Zeeden, Entstehung 147.

[38] Vgl. 2,4 (Riesen); 208,32; 285,16 (Streitende Heere in der Luft); 445,16; 452,32; 489,17; 655,5 (Hzg. Julius von Braunschweig — Wolfenbüttel [1568—89] sei von einem Gepenst „an allen orden dages und nachtes, over dische und slapkameren“ gepeinigt worden). Von den dem Verfasser bekannten Chronisten nahm einzig der Augsburger Wilhelm Rem (‚Cronica newer geschichten‘ 1512—1527, in: Die Chroniken der deutschen Städte vom 14. bis ins 16. Jahrhundert, Bd. 25, S. 1—265, Leipzig 1889) eine — nicht nur aus konfessioneller Voreingenommenheit gegenüber andersgläubigen Berichterstattern resultierende — skeptische Haltung bezüglich derartiger Nachrichten ein (vgl. 131, 275).

astrologischen Almanachen[39]. Diese aus konfessionellen Gesichtspunkten herrührende Hellhörigkeit ließ ihn in „wissenschaftstheoretische“ Bereiche vorstoßen: er reflektierte über Grundfragen der „warhaftigen, naturlichen und erlichen kunst der astronomie“[40], die er begrifflich und auch inhaltlich nicht von der Astrologie schied. Es liegt hier einer der seltenen Fälle vor, in denen die Glaubensspaltung beim Chronisten positive Wirkungen zeigte: sie gab den Anstoß zu kritischer Reflexion[41].

[39] 136,1; 193,17; 502,6; 204,25; 469,1.
[40] 137,13.
[41] Siehe auch IV. Teil, 1. Kap.

5. Kapitel

Das Weltbild des Hildesheimer Dechanten

In den umfangreichen chronikalischen Aufzeichnungen Johan Oldecops sucht der Leser vergeblich nach Anhaltspunkten für ein Weltbild im engeren Sinne, d. h. Vorstellungen über den Aufbau des Kosmos. Bezeichnenderweise erwähnten weder er noch andere zeitgenössische Chronisten in ihren Werken die umwälzenden Ideen des Nikolaus Kopernikus (1473—1543). Bei einigen — z. B. bei Dietrich Westhoff und Leonhart Widmann — dürfte dies angesichts ihrer verhältnismäßig geringen Belesenheit schlichtweg auf Unkenntnis zurückzuführen sein. Von dem überdurchschnittlich gebildeten, vielbelesenen und astronomisch interessierten Hildesheimer Chronisten ist jedoch zu vermuten, daß er von den bahnbrechenden Erkenntnissen des ermländischen Domherrn zumindest in Umrissen wußte. Daß er in seinen Denkwürdigkeiten darüber schwieg, kann verschiedene, heute nicht mehr verifizierbare Gründe gehabt haben: möglicherweise war er sich der Tragweite der Einsichten des Kopernikus nicht bewußt. Umgekehrt könnte er — ihre Bedeutung wohl ahnend — mit Absicht eine Auseinandersetzung damit haben vermeiden wollen, da für solche in metaphysische Bereiche zielende Fragestellungen nach seiner Auffassung einzig die Kirche zuständig war. Am meisten vermag jedoch die Annahme zu überzeugen, daß sein Denken den Kosmos überhaupt nicht umkreiste. Theoretische Spekulation solcherart lag dem vorwiegend auf Sinnfällig-Praktisches hin orientierten Oldecop fern; abgesehen davon würde er solche Reflexionen als menschliche Hybris verurteilt haben. Der schrankenlose Erkenntnistrieb des neuzeitlichen Menschen war ihm noch unbekannt.

Die Welt stellte sich ihm nicht als geographische Größe dar, sondern als Gefüge der ihn umgebenden kirchlich-politischen Ordnungen. Stadt und Hochstift Hildesheim bildeten den Mittelpunkt seiner Welt. Die Ordnungen in der engeren Heimat waren eingebettet in das Reich. Im Unterschied zu den umliegenden Territorialstaaten verkörperte das in seinen Grenzen von Oldecop nicht näher umrissene, noch keineswegs mit der deutschen Nation identifizierte Reich eine altüberkommene Gesellschafts- und Werteordnung. Reich und Territorialmächte wiederum gehörten der umfassenden Ordnungsform der Christenheit an. Diese war ständig von unchristlichen Mächten bedroht[1]. Die Vorstellung von den ihn umgebenden Ordnungen als gleichsam konzentrischen Kreisen weist auf eine zeittypische Schematisierungstendenz seines Denkens hin.

Der Chronist stand der Welt nicht neutral beobachtend gegenüber, sondern bewertete sie — auch darin ein Wesensmerkmal seines Zeitalters verkörpernd — nach vorwiegend moralischen Maßstäben. Sein Interesse galt mehr dem Geschehen als der Zuständlichkeit der Welt: niemals zum Beispiel beschrieb er ausführlich die Landschaften und Städte, in die ihn seine zahlreichen Reisen geführt hatten[2].

In der Natur sahen der Stadtbewohner Oldecop und die meisten seiner Zeitgenossen ein feindliches, lebensbedrohendes Element[3]. Wie im vorhergehenden Kapitel bereits dargelegt wurde, betrachtete er sie hauptsächlich unter einem metaphysischen Aspekt: Gott bediente sich ihrer zur Bestrafung der Menschen oder zur Offenbarung seines Willens.

Moralisierende Pauschalurteile über Italiener und Franzosen lassen darauf schließen, daß dem Chronisten auf seinen Reisen die Andersartigkeit dieser Völker bewußt geworden war. Er beurteilte sie zumeist abwertend[4]; andererseits unterließ er es, die Eigen-

[1] Wie bei der Mehrzahl der Chronisten des 16. Jahrhunderts blieb auch bei Oldecop die „Neue Welt" außerhalb des Gesichtskreises. Lediglich die Entdeckung Brasiliens erwähnt er kurz (2,4).

[2] Landschaften scheint er primär unter dem Gesichtspunkt des materiellen Nutzens für den Menschen betrachtet zu haben. Vgl. 163,21 (Donauquelle): „... und dar is eine schone jegenode, wilt und taem flesch vorhanden." 160,21 (kurze Beschreibung Prags). Über Tiere und Pflanzen berichtet er so gut wie nichts.

[3] Als er 1527 bei seinem neuen Herrn, dem kaiserlichen Vizekanzler, in Spanien angekommen war, atmete er auf: „... und was frolich in got, dat ik der kulde und ferlicheit des mers entlediget was." Vgl. in diesem Zusammenhang auch die zahllosen Nachrichten über Unwetter, Erdbeben und dergleichen.

[4] Über Italiener: 138,36 (Hoffart); 166,35: „... de Florentiner vormeten und hofferdige lude sint." Vgl. 121,18. Über Franzosen: 320,22: „. . . dat bi one weinich truwe und barmherticheit, sunder idel untruwe, hoffart und tirannie

schaften seiner Landsleute zu rühmen. Im Gegenteil: er übte zunehmend pauschale Kritik am eigenen Volk. Sie wurde ausgelöst durch die Empörung über das Verhalten der Lutheraner gegenüber den Altgläubigen[5]. Unter dem Einfluß der Reformation wurde ein in der Jugend des Chronisten möglicherweise kräftig ausgebildeter Patriotismus erheblich abgeschwächt, wo nicht aufgehoben.

In seinen zeitgeschichtlichen Aufzeichnungen wandte er sich gelegentlich auch in die entferntere Vergangenheit zurück. Dies geschah nicht aus Interesse an der Geschichte um ihrer selbst willen, sondern nur insofern Geschichte — für ihn weitgehend identisch mit Kirchengeschichte — in Beziehung zur Gegenwart stand.

Aus dem Nachweis zum Beispiel, daß das Hochstift Hildesheim auf ein unvergleichlich höheres Alter als die umliegenden Territorialmächte zurückblicken könne und bisher allen Anfeindungen der Herzöge von Braunschweig standgehalten habe[6], schöpfte er Zuversicht für dessen ferneres Schicksal: da es viele Jahrhunderte überdauert habe, müsse ihm Gott letztlich gewogen sein. Der Hinweis auf das Alter einer Institution bildete eine bevorzugte Argumentationsweise des Chronisten[7], die schwerlich ihre Wirkung auf seine dem Althergebrachten verhafteten Zeitgenossen verfehlt haben dürfte.

Zum andern trug er vorgegebene Überzeugungen an die Geschichte heran und glaubte darin „exempla“ für die Richtigkeit solcher Maximen zu entdecken[8]. Der Versuch, im Zirkelschluß vordergründige Nutzanwendungen aus der Historie zu entnehmen, bildet ein nicht gerade selten zu beobachtendes Merkmal der Geistigkeit jener Zeit[9].

Schließlich zog Oldecop geschichtliche Parallelen zu den religiösen Wirren seiner Gegenwart[10]. Man würde die Bedeutung dieses Sachverhaltes verkennen, wollte man ihn mit dem Hinweis auf

begraven lit.“ Vgl. 196,9; 426,9; 439,31. Niederländer und Schweizer betrachtete er stammesmäßig als deutsch (167,2; 173,16). In der Behauptung, in Holland sei „der natur halven vele lichtferdiges volkes“ (195,3), ist der Ansatz für eine in der Chronik freilich nicht weiter ausgeführte Typologie der deutschen Stämme zu sehen.

[5] 166,35; 173,9.

[6] 111,32; 63,1; 289,3.

[7] Vgl. Teil III, Kapitel 4 (Abschnitt b).

[8] Z. B. für seine Ansicht, daß Gott den Menschen nach ihren Werken Lohn gebe (335,19).

[9] Vgl. dazu z. B. die von H. Scheible zusammengestellten Vorreden reformatorischer Geschichtsschreiber (H. Scheible [Hrsg.], Die Anfänge der reformatorischen Geschichtsschreibung, in: Texte zur Kirchen- und Theologiegeschichte, Heft 2, Gütersloh 1966.

[10] Vgl. Teil II, Kapitel 5 (Abschnitt a).

Bildungsstolz nach Art humanistischer Geister abtun; ihm liegt vielmehr das gesunde Streben zugrunde, die dem Chronisten in ihrer Ungeheuerlichkeit zunächst als einmalig erscheinenden Vorgänge seiner Zeit in ihrer Bedeutung zu relativieren und dadurch Zuversicht für die Zukunft zu schöpfen.

Oldecop beobachtete nicht nur wachen Sinnes die Händel seiner Zeit und zeichnete sie der Nachwelt auf, sondern versuchte auch, die Ereignisse gedanklich zu bewältigen. In der Neigung, über das Weltgeschehen zu reflektieren, dürfte er die Mehrzahl der Chronisten des 16. Jahrhunderts übertroffen haben. Im folgenden sind seine Ansichten über den Lauf der Welt darzulegen, wie er sie sich gebildet hatte, als er seine Chronik in der überkommenen Form niederschrieb.

Er hegte nicht die auf Thukydides zurückgehende, von Historiographen des 16. Jahrhunderts wiederholt vorgetragene Auffassung von einer sich im Wesen ewig gleichbleibenden Welt[11], sondern nach seiner Vorstellung befand sich die Welt in ständiger Veränderung. Veränderung aber setzte er in Übereinstimmung mit vielen seiner alt- und neugläubigen Zeitgenossen mit Verschlechterung gleich[12]. Auf keinerlei Gebiet glaubte er Anzeichen einer Höherentwicklung zu bemerken.

Der Prozeß der Verschlechterung nahm seinen Anfang nicht bei einem Zustand vollkommener Ordnung, den es in dieser Welt überhaupt nicht geben konnte, sondern von einer Zeit der relativen Ordnung. Die Welt bewegte sich von dieser relativen Ordnung zu absoluter Ordnungslosigkeit hin. Den Endpunkt der Entwicklung bildete das zeitlich nicht fixierte, irgendwann aber zu erwartende Weltende.

Unter „Ordnung“ verstand der Chronist in Übereinstimmung mit scholastischen Anschauungen des Mittelalters den ausgewogenen Zustand einer ständisch gegliederten, zu Gott hin orientierten Gesellschaft mit festen moralischen Wertvorstellungen[13]. An der Spitze der Hierarchie standen der Papst und — ihm gleichgeordnet

[11] Vgl. z. B. J. Carion, Chronica, Wittenberg 1532, zit. nach d. Ausg. v. 1533, Fol. Aiiij („Welt bleibt Welt / darümb bleiben auch gleiche hendel inn der welt / ob schon die personen absterben“).

[12] 31,30: „... wur ut und wur umme die geschefte in der warlde sik vorandern, aver selden beter werden.“ Vgl. 7,16. Die Überzeugung von der Verschlechterung der Welt spricht auch aus der Inschrift, die er an seinem Haus im „Kläperhagen“ anbringen ließ. Darin hieß es unter anderm: „Virtus Ecclesia Clerus Demon Simonia Cessat Turbatur Errat Regnat Dominatur“ (zitiert nach Th. Oldekop, Spalte 3). Vgl. unten Anmerkung 25.

[13] Beispiel für diese „Ausgewogenheit“: 2,14.

— der Kaiser[14]. Diesen Institutionen, aber auch den übrigen, von Gott verordneten weltlichen Obrigkeiten[15] war es aufgegeben, Menschen, die sich nicht freiwillig zur Ordnung bekannten, mit Zwangsgewalt dazu zu bekehren.

Aus der Rückschau des Alters betrachtete Oldecop seine Jugend bis zum Auftreten Luthers als eine solche Periode relativer Ordnung. Die Welt habe sich auch damals keineswegs in einem Idealzustand befunden, sondern es habe menschlichen Egoismus und Verstöße gegen kirchliche Vorschriften gegeben[16]. Dennoch hätten Werte wie Glaube, Liebe, Treue und Gehorsam gegolten[17], die zum Beispiel in guter Münze und niedrigen Preisen sinnfälligen Ausdruck gefunden hätten[18]. Auch hätten die Menschen die Zeichen Gottes beachtet und ihre Sünden bereut[19]. Wo die Einsicht des einzelnen gefehlt habe, hätten die weltlichen Obrigkeiten wirksam eingegriffen und Missetäter streng bestraft[20]. Im Untergrund dieser zum Teil durch äußere Machtmittel gestützten Ordnung habe sich bereits die bald danach mit der Reformation eingetretene Umkehrung aller Werte angekündigt[21]. In die im Gefolge der Glaubensspaltung entstandene „neue Welt“ ragten Papst- und Kaisertum gleichsam als Überreste einer früheren, das heißt besseren Welt hinein.

Erst das Erlebnis der Reformation führte zur letzten Ausformung von Oldecops Weltbild: die Ordnungslosigkeit seiner Zeit mani-

14 Vgl. Teil III, Kapitel 4 (Abschnitt c).

15 Vgl. 22,32; 495,11.

16 5,24; 6,21; 8,1; 16,21; 24,8 u. a.

17 5,11: „De gotfruchtigkeit, fromicheit, leve und truwe, tucht und ere, gehorsam der obericheit, de to den tiden [d. h. nach Aufhebung des Kirchenbanns von 1500] ... under den wartlichen befunden wart, dar is nich genoch von to meldende, jegen de tit to rekende, de darna ... und dusser olderen kinder und kindes kint deit.“ Vgl. 605,25.

18 6,25; 12,21; 32,2.

19 5,24.

20 33,15: „Wart datmals einer befunden, de de munte beswecht, de wart upgehangen; de valsche munte sloch, wart in einer pannen gesoden, so lange, dat ome dat flesch von den knoken fel.“ Die Obrigkeiten hätten auch nicht zugelassen, „dat sik borger und bur mit bedregerie und sneidicheit gegen sinen naber eder den fromeden man berichten mochte.“

21 Vgl. den Kommentar, den er an die von ihm fälschlicherweise auf das Jahr 1505 datierte Ermordung des Rektors der Universität Wittenberg durch einen Studenten knüpfte: „Dennenoch blef de ungehorsam dare, und darna ok vaken gesporet wart“ (24,6). Nach Foerstemann, Album academiae Vitebergensis I, 8, 40 ereignete sich die Tat in Wirklichkeit erst 1512. Vgl. Urkundenbuch der Universität Wittenberg, Teil 1, bearb. von W. Friedensburg, in: Geschichtsquellen der Provinz Sachsen und des Freistaates Anhalt, Neue Reihe, Bd. 3, Magdeburg 1926, S. 67, Nr. 42.

festierte sich ihm am stärksten in der Glaubensspaltung. Diese war in einer auf den ersten Blick paradox anmutenden Weise Ergebnis der Verschlechterung der Welt und zugleich Ursache weiterer Auflösung etwa noch bestehender Werte. Daß die Glaubensspaltung sogar das Weltbild des Hildesheimer Dechanten entscheidend prägte, zeigt, in welch tiefe Schichten der menschlichen Persönlichkeit dieser Vorgang hineinzuwirken vermochte.

Entsprechend der Vorliebe der Historiographie jener Zeit für Gliederungsschemata des Geschichtsablaufs[22] setzte der Chronist im Prozeß der Weltverschlechterung Zäsuren nach jeweils fünfzig Jahren, einer in der Abfolge der Jubeljahre bedeutsamen Zeitspanne[23]. Bezeichnenderweise beginnen die Aufzeichnungen nicht mit seinem Geburtsjahr 1493, sondern mit dem Jubeljahr 1500. Die Reformation ließ ihn von zeitüblichem Formalismus abweichen: nicht erst 1550 entstand eine „neue Welt", sondern bereits 1516 (sic!)[24].

Die bei Chronisten unterschiedlicher Konfessionszugehörigkeit verbreitete Ansicht von der Verschlechterung der Zeiten[25] fand er theologisch begründet im 14. Kapitel des apokryphen 4. Buches Esra[26]. Daß er sie aufgriff, geschah nicht aus Zufall: er fand sich in seiner von Kriegen, religiösen und sonstigen Neuerungen erfüllten Gegenwart nicht mehr zurecht und sehnte sich in eine geordnete Welt der Vergangenheit zurück, wie sie objektiv nie bestanden

[22] Vgl. Carion, Fol. Avi: „Wer Historien nützlich lesen wil, sol alle zeit von anfang der welt / inn ein richtige ordnung fassen." Vgl. Teil I, Kapitel 2, Anm. 5.

[23] 6,12 („Alle umme de voftich jare eine nige warlt"); 152,1; 557,12. Auch der Verfasser der Reformatio Sigismundi verwendete dieses Schema (Die Reformation Kaiser Sigismunds — eine Schrift des 15. Jahrhunderts zur Kirchen- und Reichsreform, hrsg. v. K. Beer, in: Beiheft zu den Deutschen Reichstagsakten, Stuttgart 1933, vgl. S. 108. Vgl. Dohna, L. Graf zu, Reformatio Sigismundi — Beiträge zum Verständnis einer Reformschrift des fünfzehnten Jahrhunderts, Göttingen 1960, S. 67).

[24] 6,21; 596,1; 605,6.

[25] Vgl. L. Widmann (besonders 192,211; siehe auch 91, 99, 147, 242), Berckmann (z. B. 81, 96, 152, 452) und Dionysius Dreytwein, Eßlingische Chronik (1548—1564), hrsg. v. A. Diehl, in: Bibl. des Lit. Vereins in Stuttgart, Bd. 221, Tübingen 1901 (siehe u. a. 214, 226, 236f., 249f.). Auch der Verfasser der Reformatio Sigismundi klagte über die Zustände seiner Gegenwart (vgl. z. B. 2: „gehorsamkait ist dot, gerechtikait lidet not, nichts stet in rechter ordenung").

[26] 7,13; 557,12. Vgl. vor allem cap. XIV, v. 8 („Quoniam saeculum perdidit iuventutem suam et tempora adpropinquant senescere"), v. 9 („XII enim partibus divisum est saeculum, et transierunt eius IX et dimidium X mae partis..."), v. 15 („Quantum enim invalidum fit saeculum a senectute, tantum multiplicabunt super inhabitantes terram mala"). Zitiert nach: Die Griechischen Christlichen Schriftsteller der ersten drei Jahrhunderte, hrsg. von der Kirchenväter-Commission der Königl. Preuß. Akademie der Wissenschaften, Bd. 18, Leipzig 1910, S. 406, 408, 410, 412.

hatte. Sein Pessimismus reichte manchmal sogar bis zu Lebensüberdruß[27].

Es verdient festgehalten zu werden, daß er die Ursachen der vielfältigen Veränderungen seines Zeitalters niemals rational aus der Anschauung zu ergründen suchte, sondern die Neuerungen schematisierend in Beziehung setzte zu der vorgegebenen Überzeugung von der Verschlechterung der Zeiten, die ihrerseits außerhalb aller Reflexion lag. Seine moralisierende Betrachtungsweise war für sein Jahrhundert nicht ungewöhnlich.

Das einzige Heilmittel für die Gebrechen der Zeit sah er in einer Rückkehr der Menschen zum Altüberkommenen[28]. Diese bei Chronisten und Autobiographen des 16. Jahrhunderts häufig zu beobachtende rückwärtsgewandte Blickrichtung vereitelte eine offene und — soweit möglich — vorurteilsfreie Auseinandersetzung mit den Problemen der Gegenwart.

Johan Oldecop war davon überzeugt, daß die Welt einmal zu Ende gehen würde[29], doch glaubte er offensichtlich nicht an ein Weltende in allernächster Zukunft, das ihn von allen irdischen Beschwernissen hätte befreien können. Seine nüchterne Natur gab sich in einer Zeit blühender Apokalyptik[30] keinerlei Spekulation über Zeitpunkt und Art des Weltendes hin.

[27] 7,24.

[28] Vgl. Teil III, Kapitel 2 (Abschnitt c).

[29] 172,25.

[30] Vgl. Carion (Fol. gij, Nviij u. a.), Dreytwein (251: „... das ich selber gedenk, es nahe sich der leste zeit"), Berckmann (60, 133). Der Verfasser der Reformatio Sigismundi erwartete die Ankunft eines Priesterkönigs. Über Apokalyptik siehe Andreas 181ff., 194 und Peuckert, W.-E., Die große Wende — Das apokalyptische Saeculum und Luther, Hamburg 1948 (103ff., 152, 188, 191, 215 u. a.).

II. Teil

DIE AUSEINANDERSETZUNG DES CHRONISTEN MIT DER REFORMATION

Vorbemerkung

Der Chronist konnte über die sein Leben überschattende Glaubensspaltung nicht aus der Distanz eines unbeteiligten Beobachters, sondern nur mit der Parteilichkeit eines in den konfessionellen Tageskampf verstrickten Zeitgenossen berichten. Der Leser seiner Denkwürdigkeiten kann somit nicht eine sich durch weitgehende „Objektivität" auszeichnende Schilderung des Reformationsgeschehens erhoffen, sondern einzig eine stark subjektiv gefärbte Darstellung erwarten, von der Oldecop allerdings glaubte, sie entspreche der Wahrheit. Gerade in der Spiegelung der Ereignisse im Bewußtsein des Chronisten aber liegt der spezifische Quellenwert der Aufzeichnungen: sie vermitteln die Vorstellungen eines streng altgläubigen Menschen des 16. Jahrhunderts von Wesen und Wirkkraft der Reformation und lassen zugleich die Art seiner Auseinandersetzung mit dieser Bewegung erkennen.

Im folgenden kann nur dargestellt werden, wie er mit der Feder gegen die Glaubensneuerungen kämpfte. Über sein tatsächliches Verhalten ist nur wenig bekannt — und dies nur aus der Überlieferung seines eigenen Werkes. Die bekenntnishafte Mitteilung, er habe 1527 und zeit seines späteren Lebens öffentlich von der Kanzel herab vor der lutherischen Lehre gewarnt[1], deutet — bei aller Berücksichtigung der bei solchen Aussagen nicht auszuschließenden Übertreibungstendenz — darauf hin, daß er im Leben eine kaum weniger streitbare Haltung gegen die neuen Lehren eingenommen haben dürfte als auf literarischem Feld. Beispiele einer demonstrativen katholischen Gläubigkeit, wie sie den Aufzeichnungen Heinrichs von Pflummern zu entnehmen sind[2], fehlen in Oldecops Werk. Es enthält im Gegensatz zu dem des Biberacher

[1] 468,20.

[2] Z. B. durch sichtbare Verehrung des Sakramentes und der Heiligen, Pflege kirchlicher Bräuche usw. (174f.). Ein besonders drastisches Beispiel: unmittelbar vor Beginn der lutherischen Predigt pflegte Heinrich von Pflummern das Licht einer großen Kerze zu löschen, welche er bei sich hatte (175).

Chronisten auch kaum konkrete Nachrichten über den alltäglichen Umgang mit Andersgläubigen[3].

Die Genesis seiner bei Niederschrift der Chronik dogmatisch verfestigten Ablehnung der Reformation ist nur undeutlich zu erkennen. Der Leser erhält den vom Autor möglicherweise beabsichtigten Eindruck einer frühzeitigen Distanzierung von der Glaubensneuerung: spätestens 1522 scheint er endgültig überzeugt gewesen zu sein, die lutherische Lehre sei verwerflich[4].Eine anfängliche Affinität zu Gedanken Luthers, wie sie insbesondere bei humanistischen Geistern nicht selten zu beobachten ist, ist aus den Aufzeichnungen nicht ersichtlich. Gleichwohl sollte man sie nicht vorschnell von der Hand weisen. Sie könnte in einer Sympathie für Luthers Kirchenkritik begründet gewesen sein[5].

Im folgenden ist die Beurteilung bzw. Verurteilung der Reformation zu analysieren, wie sie dem in der Spätzeit seines Lebens abgefaßten Werk zu entnehmen ist. Dabei lassen sich unterschiedliche Ebenen der Argumentation herausarbeiten. Aus Gründen der Übersichtlichkeit der Darstellung sollen die einzelnen Betrachtungsweisen, die in der Chronik freilich ineinander übergehen, in gesonderten Kapiteln behandelt werden.

[3] Heinrich von Pflummern versichert, er habe die Gesellschaft Andersgläubiger gemieden, wo und wann immer dies möglich gewesen sei (vgl. 158, 174, 176f., 235).

[4] 117,13: z. B. im angeblichen Verbot der Ohrenbeichte durch Luther sah er ein wichtiges Indiz, „dat de luthersche lere to einer bosen ketterie geraden mochte."

[5] Dabei mag der mit Luthers Kritik und Protest verbundene „dogmatische Bruch" von Oldecop zunächst unerkannt bzw. unbeachtet geblieben sein (vgl. Lortz, Reformation I, 213).

1. Kapitel

Die Verunglimpfung des konfessionellen Gegners

Oldecop bediente sich zur Charakterisierung der Reformatoren und ihrer Anhänger eines reichhaltigen Vokabulars derb-drastischer Schmähworte, wie sie in seinem Zeitalter des Grobianismus in der polemischen Auseinandersetzung des Tages von allen Parteien benutzt wurden, um den konfessionellen Gegner verächtlich zu machen.

Martin Luther — in seinen Augen Urheber allen Unheils in der Welt — nannte er in seiner Chronik zum Beispiel einen bösen und aufrührerischen Menschen, einen Verführer und Ketzermeister[1]. In den Randglossen zu seinem vorwiegend für den privaten Gebrauch bestimmten Exemplar der Kirchengeschichte des Fontanus legte er dem Wittenberger Reformator unter dem unmittelbaren Eindruck der diesem in dem Buch unterstellten Schändlichkeiten Schimpfworte wie „latro", „bestia" und „vulpus mendax" bei[2]. Johannes Bugenhagen bezeichnete er stereotyp als getauften Juden[3] — ein Vorwurf, der angesichts der ausgeprägten Judenfeindlichkeit[4] vieler seiner Zeitgenossen als besonders schwerwiegend anzusehen ist. Justus Jonas brandmarkte er als Erzketzer[5], Matthias Flacius Illyricus apostrophierte er als „dat bose und ungehorsam kint"[6].

Den Anhängern der Reformation warf er in Anlehnung an eine zeittypische Moralisierungstendenz vor allem Charaktermängel und sittliche Verfehlungen vor: Cyriacus Spangenberg charakterisierte er als lügnerischen und hoffärtigen Ketzermeister[7], Johann Lang und Heinrich Winckel als hoffärtige und unzüchtige entlaufene Mönche[8]. Den Landgrafen Philipp d. Großmütigen von Hessen bezichtigte er unter anderm der Homosexualität[9]. Die lutherischen Prädikanten versuchte er bei seinen Lesern in ein schlechtes Licht zu rücken, indem er ihnen Unaufrichtigkeit, Bestechlichkeit, Kriminalität und ähnliche ver-

1 246,23; 15,28; 249,5 („... doctor [ja seductor] Martinus Lutherus"); 75,10; 128,17 („de arge ketter"); 191,30. Vgl. 192,4. Bezeichnenderweise fehlen polemische Urteile über Melanchthon.

2 Euling, K., Zur Charakteristik des Hildesheimer Chronisten Oldecop, S. 157. — Der päpstliche Nuntius Aleander nannte den Reformator u. a. einen Schurken (ribaldo), Hund (cane) und Spitzbuben (ladro). Vgl.: Die Depeschen des Nuntius Aleander vom Wormser Reichstag 1521, übers. u. erl. v. P. Kalkoff, in: Schriften d. Ver. f. Reformationsgeschichte 17, Halle 1886, S. 11, 15, 30.

3 33,36; 222,23. Umgekehrt nannte der Augsburger Chronist Wilhelm Rem Aleander einen getauften Juden (Rem 143).

4 Siehe dazu IV. Teil, 1. Kap., Anm. 12.

5 261,34; 250,20 („Jost Kock, ja de suddelkock, de sik Justus Jonas schelden leit"). Auch sonst verwandte Oldecop gelegentlich Wortspiele zur Charakterisierung des konfessionellen Gegners: z. B. evangelisch = „egenwilsch" (173,30; 290,20; 472,15). Oldecop, der einen ausgeprägten Sinn für Symbolisches und Allegorisches besaß, legte solchen Wortspielen einen tiefere Bedeutung bei.

6 531,13. Vgl. 284,15.

7 490,20; 491,18 („ein recht nafolger des elveschen afgoddes Martini Lutheri"); 531,4; 620,29. Über Spangenberg (1528—1604) vgl. RGG³, VI, Sp. 223.

8 47,30; 143,4; 222,24. Über J. Lang (ca. 1487—1548) vgl. RGG³, IV, Sp. 225. Zu H. Winckel (1493—1551) vgl. ADB, Bd. 43,337ff.

9 30,11. Vgl. 197,27; 233,14. Siehe L. Widmann 169: „das ungeraten und verlorn kind von Hessen". Über das ausschweifende Leben Philipps v. Hessen vgl. Lortz, Reformation II, 245.

werfliche Neigungen unterstellte[10]. Bei diesen Berichten ist eine kräftige Übertreibungstendenz in Rechnung zu stellen, die aus der Absicht des Chronisten entsprang, die Anhänger des eigenen Glaubens vor den neuen Lehren abzuschrecken. Dennoch mögen einzelne Nachrichten nicht selten zumindest einen wahren Kern gehabt haben[11]. Zu einem völlig verzerrten Bild trug entscheidend die Anhäufung von Abnormitäten bei gleichzeitigem Fehlen positiver Beispiele bei.

Der tiefere Grund für die Verunglimpfungen Andersgläubiger läßt sich schwerlich mit den Kategorien psychologischer Deutung erfassen: er lag nicht primär in einer Kompensierung von Verlusten des katholischen Lagers im Konfessionskampf, die sich in Form von Aggressivität niederschlug — wiewohl dieses Moment mitgespielt haben mag. Ebensowenig reicht zur Erklärung der Hinweis auf einen generellen Zweifel Oldecops an den moralischen Qualitäten der Neugläubigen aus, wie er sich ihm aufgrund ihrer in seinen Augen böswilligen Uneinsichtigkeit in Fragen der rechten Lehre aufgedrängt haben könnte. Das entscheidende Motiv dürfte vielmehr die aus der Verantwortung für das eigene Bekenntnis herrührende Absicht gebildet haben, „mit den Mitteln der Abschreckung die Gläubigen gegen Verführung durch Anhänger und Propagandisten der anderen Konfessionen immun zu machen“[12].

Die unerschütterliche Gewißheit über die alleinige Richtigkeit des eigenen Glaubens, bzw. die damit korrespondierende, zutiefst in seinem Wesen verankerte Ablehnung der reformatorischen Bewegung ließen in ihm überhaupt nicht erst den Gedanken aufkommen, er handle verleumderisch. Die Überzeugung von der Verwerflichkeit der neuen Lehren, die er auch auf ihre Anhänger projizierte, konnte bei Abfassung der Aufzeichnungen nicht modifi-

[10] Aus der Fülle der Einzelbeispiele vgl. 450,31 (Diebstahl eines Schweins); 469,27 (Totschlag); 483,6: Prädikant in Goslar habe das Sakrament an einen Juden verkauft. Die Frau des Prädikanten habe ein angenommenes Kind erwürgt und mit dem Leichnam allerhand Zauberei getrieben. 666,26 (Inzest). Siehe auch 364,13; 431,4; 458,33; 469,1; 483,6 u. a.

[11] Der geschichtlichen Wirklichkeit mag nicht selten die — ebenfalls überspitzt formulierte — Überzeugung des Chronisten entsprochen haben, wonach die neuen Lehren von ihren Anhängern in den Dienst handfester materieller Interessen gestellt worden seien (vgl. 141,31; 143,12; 145,1; 184,17; 303,1; 365,25). Diese Ansicht teilte auch der undogmatische, alle Konfessionen relativierende und mit der Lehre Schwenckfelds sympathisierende Eßlinger Chronist Dionysius Dreytwein (vgl. 67f.). Oldecop ging allerdings wesentlich weiter als Dreytwein: er sah in Eigennutz auch eine entscheidende Triebkraft der Reformatoren (442,11: Calvin sei „bi siner nigen lere rike geworden“).

[12] Zeeden, Entstehung 130. Zum ganzen Abschnitt vgl. dort 129f.

ziert, sondern lediglich bestätigt werden. Von daher wird das — selbst unter Berücksichtigung seines schwach entwickelten quellenkritischen Sinnes[13] — auffallend vorschnelle Vertrauen in Berichte erklärlich, welche die Neugläubigen in ein schlechtes Licht setzten.

Um den Zusammenhang zwischen Oldecops Reformationsdeutung und der Verächtlichmachung Andersgläubiger weiter zu verdeutlichen, muß auf spätere Ergebnisse der Untersuchung vorgegriffen werden: der Chronist sah in der Glaubensspaltung eine Bewegung, hinter welcher der Satan stand. Daraus folgerte er, daß dieser die Anhänger der Reformation zu eben den Verhaltensweisen verführe, die — wie zum Beispiel Verlogenheit und Unsittlichkeit[14] — nach damaliger Vorstellung mit dem Teufel identifiziert wurden. Bei der Interpretation der Verunglimpfungen darf dieser geschichtstheologische Aspekt nicht außer acht gelassen werden. Erst dann wird die volle Bedeutung vieler der eingangs aufgeführten Schmähworte transparent.

[13] Vgl. Teil I, Kap. 2, Abschnitt c (cc).

[14] 254,6 (Satan, der „von ambeginne ein lugener gewesen und noch is"), 549,9 (Hoffart). Vgl. Sender 209 (Lügenhaftigkeit).

2. Kapitel

Das Lutherbild des Chronisten

a) Quellen und Absichten seiner Lutherdarstellung

Die Städtechronisten des 16. Jahrhunderts berichteten in ihren primär die lokalen Ereignisse behandelnden Werken über die Persönlichkeit des Reformators im allgemeinen höchstens am Rande. Je nach ihrem konfessionellen Standort rühmten oder schmähten sie ihn mit wenigen Worten[1]. Im Gegensatz dazu schilderte der Hildesheimer Dechant ausführlich Leben und Charakter Luthers. Dieser nahm im Vergleich zu anderen bedeutenden Persönlichkeiten des Zeitalters in der Chronik eine — wenngleich im negativen Sinn — vorrangige Stellung ein[2].

[1] Ihre knappen Ausführungen lassen freilich oftmals erkennen, daß sie sich der epochalen Bedeutung Luthers einigermaßen bewußt waren (vgl. z. B. L. Widmann 30: nach dem Tode Maximilians I. „brach er [Luther] mit gwaldt herfür und machet vill unrue").

[2] Obwohl er die Hauptgefahr für den alten Glauben bei Abfassung der Aufzeichnungen im Calvinismus sah, beschäftigte sich der Chronist nicht eingehend mit der Persönlichkeit Calvins (allenfalls 441f.). Es spiegelt sich in Oldecops Aufzeichnungen die Tatsache, daß Calvin als Persönlichkeit sehr viel stärker hinter seinem Werk zurücktrat als Luther (vgl. Zeeden, E. W., Das Zeitalter der Gegenreformation, Freiburg/Basel/Wien 1967, S. 54).

Während des Studiums an der Universität Wittenberg hatte Oldecop Luthers Vorlesungen gern gehört und seine Predigten eifrig besucht. Darüber hinaus wurde er Beichtkind und Ministrant seines Präzeptors[3]. Dieses enge Verhältnis beurteilte er aus distanzierender Rückschau des Alters als „sunderliche kunschop“[4]. In einem Alter, in welchem der Mensch für geistige Begegnungen besonders aufgeschlossen ist, konnte er sich ein eigenständiges Urteil über die Persönlichkeit des ihm nachmals verhaßten „Ketzers“ bilden. Dieses aus eigener Anschauung gewonnene Lutherbild schimmert aus den Aufzeichnungen zwar an manchen Stellen hindurch, wird insgesamt aber überdeckt von den polemischen Urteilen der zeitgenössischen katholischen Lutherbiographen, in deren Bann er stand, als er seine Chronik niederschrieb[5]. Wiewohl sie sich mit den eigenen Beobachtungen oftmals nicht deckten, vertraute er vorbehaltlos den Berichten eines Cochläus, Fontanus und Gennep[6]. Nachdem er zu entschiedener Ablehnung der Reformation gelangt war, zog er auch die Persönlichkeit ihres Urhebers in Zweifel. Möglicherweise glaubte er in seinem Teufelswahn, sein anfänglich positiveres Urteil über Luther sei aufgrund von Vorspiegelungen des mit diesem im Bunde stehenden Satans zustande gekommen[7]. In solchen Überlegungen mag der tiefere Grund für die Verdrängung des eigenen zugunsten des Lutherbildes der genannten altgläubigen Autoritäten zu erblicken sein.

Seine Lutherdarstellung verlor dadurch entscheidend an Reiz und Originalität. Sie hebt sich kaum ab von dem verzerrten Lutherbild, wie es katholische Biographen in Abhängigkeit von den Kommentaren des Cochläus in gleichsam dogmatischer Verfestigung bis in die jüngste Vergangenheit hinein gezeichnet haben[8]. Der Erkenntniswert von Oldecops Mitteilungen über Luther liegt nicht in der Information über bislang unbekannte oder nicht hinreichend beachtete, wissenschaftlicher Nachprüfung standhaltende Einzelhei-

[3] 6,29; 45,7; 47,30; 173,1. Oldecop hörte u. a. Luthers Römerbrief-Vorlesung (1515/16).

[4] D. h. sonderbare (absonderliche) Bekanntschaft (45,19).

[5] Bei der Aufzählung der Quellen seiner Lutherbeurteilung nannte er das eigene Erleben bezeichnenderweise an letzter Stelle (17,19).

[6] 17,19; 36,14 u. a. Weitaus seltener dienten ihm Melanchthon („Beschreibung des Lebens und Handlungen des ehrwürdigen Herrn D. Martini Lutheri. Aus dem Latein ins Deutsch gebracht durch Mathias Ritter“, Frankfurt/M. 1554) und Sleidan als Gewährsmänner (18,1; 28,9; 36,14; 79,20; 80,16). Vor allem letzterem gegenüber machte er Vorbehalte geltend (79,18). Siehe auch I. Teil, 2. Kap., Abschnitt c (cc).

[7] Vgl. unten die Abschnitte b und d.

[8] Vgl. dazu das bereits mehrfach erwähnte Werk von A. Herte (Das katholische Lutherbild . . .)

ten über Leben und Charakter des Reformators, sondern in der Verdeutlichung der Kategorien, mit denen man dessen Persönlichkeit auf katholischer Seite beurteilte.

Um das Ergebnis vorwegzunehmen: man bewertete ihn in Anlehnung an eine zeitübliche Moralisierungstendenz nach vorwiegend moralischen Maßstäben. Der Gesichtspunkt wirklichkeitsgetreuer Persönlichkeitsschilderung trat hinter der Absicht des Chronisten zurück, seine Glaubensgenossen durch ein abstoßendes Charakterbild, von dessen Richtigkeit er zum Zeitpunkt der Niederschrift seiner Aufzeichnungen überzeugt war, vor der Person und damit indirekt dem Werk des Reformators abzuschrecken. Dabei zeichnete Oldecop statt der Individualität Luthers den Prototyp eines Ketzers, wie man sich ihn im 16. Jahrhundert vorstellte.

Im folgenden Abschnitt gilt es, die bislang vorwiegend abstrakten Ausführungen durch konkrete Einzelbeispiele zu veranschaulichen.

b) Die Schilderung von Luthers Leben und Charakter

Bereits die dem Werk des Fontanus entnommene Unterstellung, die Mutter Margarete habe den Sohn Martin „astu diabolico" empfangen, weist ins Zentrum von Oldecops Lutherverständnis[9]. Nach dieser dem massiven Teufelsglauben des Zeitalters entstammenden Vorstellung[10] war der Satan in des Wortes konkreter Bedeutung der Vater Luthers[11]. Die nachträglich vorgenommene Änderung der ursprünglichen Namensform Luder (hier galt für Oldecop: nomen ist omen!) in Luther vermerkte der Chronist in der Absicht, seinen Lesern die angebliche Hoffart des Reformators vor Augen zu führen[12]. Die Motive für dessen Eintritt ins Kloster sah er in „wunderlichen frochten und gespens"[13]. Zu Unrecht warf er ihm vor, diesen Schritt ohne Wissen und Zustimmung der Eltern vollzogen zu haben[14].

Der Zweifel daran, daß Luther in einer Ordensangelegenheit nach Rom gereist sei, veranlaßte Oldecop während seines Aufenthaltes in der Ewigen Stadt zu dubios erscheinenden Nachforschungen über die Hintergründe dieser Reise, die er einmal auf das Jahr 1510, ein andermal auf das Jahr 1512 datierte[15]. Nach dem

[9] 18,7; 248,30. Vgl. Fontanus 18f.

[10] Vgl. Meissinger, K. A., Der katholische Luther, München 1952, S. 18f.

[11] 128,21: „sin vader Incubus"; 141,29: „mester Luther, des duvels sone".

[12] 17,6; 30,24. Siehe Cochläus 1, Fontanus 18. Über die Schreibweise des Namens vgl. Meissinger S. 14, Anm. 2 und ADB 19, 660f.

[13] 30,32. Oldecop spielte damit auf das Erlebnis bei Stotternheim an, worüber er an anderer Stelle ausführlicher berichtete (18,24).

[14] 18,32. Vgl. Meissinger 33.

[15] Vgl. LThK², Bd. VI, Sp. 1223: 1510/11.

Bericht, den Franz Lau als „phantastische Erzählung" abtut[16], sei Luther eigenmächtig nach Rom gefahren, um die Erlaubnis zu erwirken, zehn Jahre in weltlichen Kleidern studieren zu dürfen. Gleich Erasmus von Rotterdam würde er danach die Kutte schwerlich wieder angelegt haben[17]. Aus den Werken der zeitgenössischen katholischen Lutherbiographien übernahm Oldecop die Verleumdung, Luther habe es verstanden, sich für seine Promotion anderer Leute Geld zu beschaffen, das in Wirklichkeit einem anderen Studenten zugedacht gewesen sei[18]. Mit dieser Episode wollte er die angebliche Verschlagenheit des Reformators dokumentieren.

Mit solchen Nachrichten kontrastieren die positiven Eindrücke, welche er während des Studiums in Wittenberg von seinem Lehrer gewonnen hatte: er versicherte, bei ihm keinerlei „mangel und missgefall" erlitten zu haben[19]. Im Widerspruch zu der an anderer Stelle geäußerten Kritik an Luthers Bibelübersetzung[20] hob er lobend hervor, daß dieser in seinen Vorlesungen jedes lateinische Wort „tapfer" ins Deutsche übertragen habe[21]. Die Beobachtung, Luther habe hinsichtlich der Heiligenverehrung nicht mit der katholischen Kirche übereingestimmt, registrierte der Chronist angesichts der eigenen Zurückhaltung in dieser Frage mit nur leisem Vorwurf[22].

Gemäß der Absicht, ein möglichst düsteres Charakterbild Luthers zu entwerfen, schränkte er positive Urteile über ihn bei Niederschrift der Chronik sogleich wieder ein. Rückblickend vermeinte er zum Beispiel in dessen von ihm lobend erwähnten furchtlosen Predigten gegen die Sünde Anzeichen von „Hoffart" zu erkennen[23] — eine Eigenschaft, die nach seiner Auffassung das Wesen der Reformation kennzeichnete. An dieser Stelle wird der Zusammenhang zwischen seinem Lutherbild und seiner Reformationsdeutung besonders sinnfällig.

[16] Lau, F., Luther, Berlin 1959 (Slg. Göschen 1187), S. 41. Siehe auch Böhmer 17: „Oldecop ist aus der Reihe der selbständigen Zeugen über Luthers Romfahrt zu streichen."

[17] 30,24; 35,31. Cochläus 2 und Fontanus 27: Anlaß der Reise Ordensangelegenheiten.

[18] 36,8. Vgl. Cochläus 2, Fontanus 28.

[19] 45,21; siehe 40,31.

[20] Vgl. darüber Abschnitt b des folgenden Kapitels.

[21] 28,4. Die Behauptung, Oldecop habe sich darüber lustig gemacht, daß Luther in seinen Vorlesungen lateinische Sätze ins Deutsche übersetzt habe (so Köstlin, J., Martin Luther — sein Leben und seine Schriften, Bd. I, Berlin ^{4}1889, S. 141f.), trifft nicht zu.

[22] 45,19.

[23] 40,35: „Aver de hoffart wart dar gesporet."

Zur Vorgeschichte von Luthers in der neueren Forschung umstrittenem Thesenanschlag, für den in der Chronik jeglicher Hinweis fehlt, berichtete er, der Dominikaner Johann Tetzel sei 1516 nach Wittenberg gekommen und habe dort den Jubiläumsablaß zugunsten des Neubaus der Peterskirche in Rom gepredigt. Oldecop behauptete, an der Überführung der Bulle nach Wittenberg teilgenommen zu haben[24]. Seine Schilderung von Tetzels Ablaßverkündigung spiegelt eine Diskrepanz zwischen der theologisch noch als korrekt zu beurteilenden Ablaßtheorie und der vom Chronisten vorsichtig kritisierten Ablaßpraxis jener Zeit[25]. Er unterstellte Luther, aus Ordensrivalität und Konkurrenzneid gegen Tetzel Stellung bezogen zu haben, da dieser die bis dahin in Wittenberg den Augustiner-Eremiten vorbehaltene Ablaßverkündung an sich gerissen hätte[26]. Inhaltsbruchstücke einer Lutherpredigt, die entfernt an den Traktat vom 27. Juli 1516 erinnern[27], zeigen, daß der Chronist um die wahren Beweggründe für Luthers Ablehnung des Ablaßhandels wußte[28]. Nachdem Tetzel ihn nach Rom habe zitieren lassen, habe Luther den Dominikaner aufs heftigste gescholten und „unverschämt vom Ablaß[29] und vom römischen Stuhl" gepredigt, worauf wiederum Tetzel sich genötigt gesehen habe, ihn in Bann zu tun (!)[30]. Obwohl er in der Folgezeit wieder eifriger seinen Lehrverpflichtungen nachgekommen sei, sei er von Tag zu Tag hoffärtiger und vermessener geworden[31].

Mit dieser Darstellung steht Oldecop in krassem Gegensatz zu den gesicherten Ergebnissen der Forschung: Tetzel predigte nicht in Wittenberg Ablaß, sondern außerhalb des kursächsischen Territoriums, zum Beispiel im benachbarten Jüterbog[32]. Dies geschah

[24] 48,14: „... und ik was dare und halp dat aflat inhalen, und men sank: ‚Te deum laudamus' in der parkerken." Unter dem „Einholen" ist nach N. Paulus die feierliche Überführung der Ablaßbulle in die Hauptkirche eines Ortes zu verstehen (Paulus, N., Tetzel und Oldecop, in: Der Katholik, Zs. f. kathol. Wissenschaft und kirchl. Leben 79 [1899], S. 489).

[25] Vgl. Lortz, Reformation I, 194ff.

[26] 48,28; 49,23.

[27] Böhmer 16, Volz, H., Martin Luthers Thesenanschlag und dessen Vorgeschichte, Weimar 1959, S. 72, Anm. 31. Vgl. Luther, Werke, Bd. I, Weimar 1883, 65—69.

[28] 48,32.

[29] Dieses Urteil dürfte sich vor allem auf die Ablaßtheorie bezogen haben.

[30] 49,27.

[31] 50,3 („... he wart von dage to dage jo hofferdiger und vormetener").

[32] Vgl. Paulus, N., Johann Tetzel der Ablaßprediger, Mainz 1899, 38—41, Lortz, Reformation I, 200, Lau 59.

jedoch nicht 1516, sondern allem Anschein nach erst seit dem 10. April 1517[33].

Erklärungsversuche dieser Ungenauigkeiten in der Angabe von Ort und Zeitpunkt von Tetzels Auftreten können insbesondere angesichts der Unklarheit über das Datum von Oldecops Abreise aus Wittenberg[34] nur hypothetischen Charakter haben.

Für den Fall, daß er während Luthers Ablaßstreit mit Tetzel noch in Wittenberg geweilt hätte, müßte man diese Unrichtigkeiten auf die getrübte Erinnerung des Chronisten bei Niederschrift seiner Denkwürdigkeiten zurückführen. Für den wahrscheinlicheren Fall jedoch, daß er Wittenberg bereits zuvor verlassen hatte, wäre sein Bericht als eine Mischung von Erinnerungsbruchstücken an das Jahr 1516 und Mitteilungen von Augenzeugen bzw. aus der Literatur entnommene Nachrichten über das Jahr 1517 aufzufassen. Dabei war er entweder aufgrund seines lebhaften Vorstellungsvermögens nicht imstande, eigenes Erleben und Information aus zweiter Hand auseinanderzuhalten, oder aber er wollte bewußt den Eindruck erwecken, Zeuge der bedeutungsvollen Ereignisse gewesen zu sein. Dazu könnte ihn die Überlegung veranlaßt haben, daß seine Leser seiner Reformationsdeutung mehr Gewicht beimessen würden, wenn er sich auch als vertrauter Kenner der Ursprünge dieser Bewegung ausweisen konnte.

Über Ereignisse aus Luthers fernerem Leben berichtete er nur noch sporadisch. Das von protestantischen Chronisten wegen der

[33] Volz 13. Tetzel wurde erst am 22. Jan. 1517 General-Subkommissar Albrechts v. Brandenburg für die Ablaßpredigt in der Magdeburger Kirchenprovinz (E. Iserloh in LThK², Bd. 9, Sp. 1384, Volz 11).

[34] Der Verfasser dieser Arbeit konnte nicht einwandfrei ermitteln, wann sich die von Oldecop unter dem Jahr 1516 berichteten Vorfälle in Wittenberg (50,16) ereigneten. Bei Bezugnahme auf die bei Foerstemann, Album I,63 enthaltene Notiz („sed proh dolor tres studentes per istam hiemen interfecti sunt successiue“) müßte man die vom Chronisten erwähnten Morde (50,27) auf den Herbst 1516 bzw. Winter 1516/17 datieren. Dies würde darauf deuten, daß er — sofern er diese Ereignisse nicht aus zweiter Hand erfuhr — damals noch in Wittenberg weilte. Es ließ sich nicht feststellen, wann Magister Heinrich Stackmann ein „Physicus“ wurde (50,32). In einem Bericht vom 22. Sept. 1517 über die Visitation der Universität durch die kurfürstlichen Räte Fabian von Feilitsch und Hans von Taubenheim (abgedr. im Urkundenbuch der Universität Wittenberg, bearb. v. W. Friedensburg, Teil 1, Nr. 63) ist vermerkt, Stackmann lese in „gramatica“. (S. 85; vgl. auch Urkundenbuch Nr. 82, S. 100). Die Physikvorlesung übernahm er erst 1521 bei Reorganisation der Artistenfakultät (vgl. Urkundenbuch Nr. 108, S. 117), doch war er bereits zuvor zum Lizentiaten der Medizin promoviert worden (Friedensburg, W., Geschichte der Universität Wittenberg, Halle 1917, S. 132f., 139). Ein genauer Terminus ante quem non für Oldecops Abreise ließ sich aufgrund der genannten Anhaltspunkte nicht eruieren.

vom Reformator bewiesenen Standhaftigkeit gerühmte Auftreten auf dem Wormser Reichstag von 1521[35] kommentierte er mit wenigen abfälligen Worten[36]. In Luthers zwiespältiger Haltung zum Bauernkrieg sah er seine Überzeugung von dessen Beziehung zum Satan bestätigt[37]. Die Ehe mit der „entlaufenen Nonne"[38] Katharina von Bora mißbilligte er als einen Verstoß gegen die Ordensgelübde[39]. Darüber hinaus erblickte er in der Tatsache, daß Luther diesen Schritt ausgerechnet während des Bauernkrieges und kurz nach dem Tode Friedrichs des Weisen, seines Gönners und Beschützers, vollzogen habe, einen schlagenden Beweis für das seiner Meinung nach diabolische Wesen des Reformators[40]. Ähnlich wie Arius sei auch dieser Ketzer eines schmachvollen Todes gestorben[41].

Die Skizze von Luthers Charakter, welche der Chronist in derben Strichen entwarf, war von durchweg negativen Eigenschaften bestimmt, unter denen Ungehorsam, Überheblichkeit und Heftigkeit dominierten[42]. Durch die ausschließliche Aufzählung von Cha-

[35] Vgl. Berckmann 30 („He bleff alse eine veste mure vnbeweglich"), Sastrow I, 29 und Fortsetzung der hochdeutschen Übersetzung der Magdeburgischen Schöffenchronik 1517—1565, in: Die Chroniken d. deutschen Städte v. 14. bis ins 16. Jh., 27, 1—85, Leipzig 1899, S. 6.

[36] 79,31 („ . . . kam Luther to Wormese und heilt sik unerlich genoch").

[37] Nachdem Luther zuerst die Bauern „to velde geprediget" habe, habe er auf Geheiß von Fürsten und Adel „ein ander bok" [gemeint ist die Schrift „Wider die räuberischen und mörderischen Rotten der Bauern", W. A. XVIII, 344—361] ausgehen lassen und darin allen geboten, „de hant roigen konde . . . , scholde to velde tein und slan de buren vor dulle hunde doet; . . . Do seigen de armen buren wol, wo see mester luther, des duvels sone, vorforet und bedrogen hadde" (141,22).

[38] 34,12.

[39] 143,14.

[40] Er habe sich „eine geistliche und gekonte junkfruwen, . . . , to einer vormeinten husfruwen geven laten to bewisende, dat de doet sines fursten und vorgettunge des buren blodes ome de hogesten freide barchte,und danzede dar over mit juchen und tuchen, alse Herodiadis dochter mit dem blodigen hovede des hilligen Johannis des dopers Christi dansede und ok dede" (143,14). Vgl. 34,16. Auch Cochläus und Fontanus kreideten Luther diese zeitliche Koinzidenz an (siehe Cochläus 117f., Fontanus 442).

[41] 249,4: „ . . . ungebichtet und ane alle sacramente geides dodes, . . . , gestorven." 250,11: „Und wart vormarket, dat si mit Luther togegan, alse mit Arrio, dem up der cloaken in de stat Alexandria alle ingeweide ut dem live gefallen und dar tor stede geides dodes gestorven." Das den Nachdrucken der „Commentaria" des Cochläus im Anhang beigegebene Schreiben des Apothekers Johann Landau an Witzel strafte Oldecop in diesem Punkte Lügen. Auf diesen Brief, den er fälschlich als eine Schrift des Justus Jonas ansah, ging er bei der Schilderung von Luthers Tod „sehr oberflächlich" ein. (Herte I,29, vgl. dort auch Anm. 57).

[42] Über die bereits an anderer Stelle angeführten Beispiele hinaus vgl. 49,4 („ . . . ut der natur homoedich und vormeten"); 40,23; 47,13. Vgl. in diesem

rakterfehlern, von denen Luther bis zu einem gewissen Grad nicht frei gewesen sein mochte[43], entstand ein verzerrtes Bild. In dieser Einseitigkeit, die letztlich erst aus der noch darzulegenden geschichtstheologischen Einordnung Luthers verständlich wird, spiegelt sich die konfessionelle Befangenheit Oldecops.

c) Die Auseinandersetzung mit den Schriften des Reformators

Oldecop bekannte sich in seinen Aufzeichnungen freimütig zu seiner Lutherlektüre[44], die in Anbetracht der auch bei führenden Geistern des Zeitalters verbreiteten Unkenntnis der gegnerischen Literatur als verhältnismäßig umfangreich zu bezeichnen ist[45]. Der streng altgläubige Chronist rechtfertigte sie mit der Begründung, er könne nur über das urteilen, was er selbst gelesen habe[46]. Aus diesem Grundsatz, der freilich oftmals nicht in Einklang steht mit dem von Oldecop tatsächlich gezeigten verhältnismäßig geringen Kritikvermögen[47], ist „noch der kritische und freie Geist des frühen 16. Jahrhunderts"[48] zu erkennen.

Im gleichen Atemzug räumte er allerdings die Möglichkeit ein, sich durch das Studium dieser Schriften versündigt zu haben. Das Gewicht dieser Äußerung würde man unterschätzen, wollte man sie als bloße rhetorische Vorwegnahme eines möglichen Einwandes seiner Leser auffassen; vielmehr spricht daraus eine ernste Sorge

Zusammenhang Clemens Senders Urteil über Luther (255: „... falscher, hoffertiger, auffrieriger, abtrinniger minch"). Die Heftigkeit seines Wesens (30,28) habe sich nach Oldecop in rechthaberischem und zänkischem Disputieren geäußert (17,8; 28,4; 40,26). Dem Urteil des Fontanus: „Lutherus natura ferus et indomabilis" (52) stimmte Oldecop lebhaft zu (Euling, Zur Charakteristik 155). Im Gegensatz zu der von protestantischen Chronisten gerühmten Standhaftigkeit (außer den oben in Anm. 35 genannten Beispielen vgl. noch W. Rem 148, 153 [Luther 1518 vor Cajetan]), warf ihm Oldecop raschen Sinneswandel vor (147,9).

43 Vgl. u. a. Lau 121 (Grobheit Luthers), Lortz, Reformation I, 415, Zeeden, Martin Luther und die Reformation im Urteil des deutschen Luthertums — Studien zur Selbstdeutung des lutherischen Protestantismus von Luthers Tod bis zur Goethezeit, 2 Bde., Freiburg 1950/52, vgl. I, 30, II, 4.

44 „Darto heb ik alle sine boeke und scharteken und sine lasterschrifte, de ik umme gelt und susten bekomen mochte, ome gern nagelesen" (173,2).

45 Lortz, Reformation II, 169f. Manche Schriften Luthers mochte Oldecop freilich nur aus zweiter Hand gekannt haben (79,20: hatte er die Schriften von 1520 gelesen?).

46 173,5. Diese Begründung ist wohl kaum als eine ex post vorgenommene Verbrämung einer früheren kurzzeitigen Affinität Oldecops zu lutherischen Gedanken durch ein vorgeschütztes methodologisches Prinzip zu interpretieren.

47 Siehe Teil I, Kap. 2, c, cc und Kap. 3, c.

48 Zeeden, E. W., Deutsche Kultur in der frühen Neuzeit, S. 244. Davon zu unterscheiden ist die durch die Glaubensspaltung bewirkte konfessionell einseitige Schärfung seines kritischen Sinnes. Vgl. IV. Teil, 1. Kap.

um sein Seelenheil. Die Quellenstelle zeigt, wie einerseits das humanistische Prinzip, sich auf die Quellen zu berufen, und andererseits das Heilsverlangen am Gegenstand „häretischer“ Schriften in einen unüberbrückbaren Gegensatz gerieten[49].

Da er die einstmals erworbenen Lutherschriften bei Niederschrift der Denkwürdigkeiten offensichtlich nicht mehr zur Hand hatte[50], war er bei diesbezüglichen Mitteilungen im wesentlichen auf die Erinnerung an die zumeist Jahrzehnte zurückliegende eigene Lektüre angewiesen[51]. Den Inhalt der Schriften gab er im allgemeinen nicht ausführlich, sondern nur bruchstückhaft wieder. Dabei dürfte ihn vor allem die Absicht geleitet haben, eine indirekte Propagierung „ketzerischen“ Gedankengutes vermittels der eigenen Darstellung weitgehend zu vermeiden.

Er beschäftigte sich mit Luthers literarischem Werk nicht, um sich primär mit dessen theologischer Argumentation auseinanderzusetzen, sondern um Wesen und Charakter des Reformators zu beleuchten[52]. Auch aus Luthers Schriften, deren ungeheure Wirkung auf die Zeitgenossen er zugab[53], vermeinte er die bereits an anderer Stelle aufgeführten Charaktermängel zu erkennen. In Verfälschungen der Heiligen Schrift und Lästerungen des Kreuzes, die er außerdem in dessen Werken zu bemerken glaubte[54], erblickte er Beweise dafür, daß Luther ein Ketzer sei. Doch damit wird bereits die im folgenden Abschnitt zu erörternde geschichtstheologische Dimension seines Lutherbildes eröffnet.

d) Die geschichtstheologische Deutung Luthers

Wie andere katholische Chronisten des 16. Jahrhunderts nannte auch Oldecop den Wittenberger Reformator einen Ketzer[55]. Als

[49] Weiteres Beispiel 411,1 (ausführliche Begründung, warum er das Buch in seiner Bibliothek aufbewahre).

[50] Aus Rücksicht auf sein Seelenheil scheint er sie ähnlich wie der Biberacher Chronist Heinrich von Pflummern alsbald nach Erwerb verbrannt zu haben (Anhaltspunkte dafür 411,4; vgl. Heinrich von Pflummern 176).

[51] Gelegentlich frischte er sein Gedächtnis anhand der Literatur auf. Dabei bevorzugte er Werke katholischer Autoren (vgl. z. B. 191,31). Angesichts der genannten Arbeitsbedingungen sind Ungenauigkeiten — z. B. bei der Angabe von Titeln und Erscheinungsjahren — durchaus verständlich (94,11; 127,9; 141,22 u. a.).

[52] In Luthers Sermon über die Ehe („Vom ehelichen Leben“, 1522, W. A. X, 2. Abtlg., 267ff.) sah er ein Zeugnis für dessen angebliche Unsittlichkeit.

[53] Er habe mit seinen Schriften z. B. 1525 die Bauern aufrührerisch gemacht (140,24) und danach die Fürsten gegen sie aufgehetzt (34,19 „... hitzede de fursten, de buren vor dulle hunde dot toslande“; 231,19). Vgl. Fontanus 232 („libri Lutheri causae sunt seditionis“), Heinrich von Pflummern 152. Siehe außerdem Oldecop 127,9; 471,10.

[54] 94,11; 253,31.

eigentlichen Urheber der Bedrohung der katholischen Kirche, wie sie von Luther und seinesgleichen ausging, betrachtete er den Satan, dessen Hauptanliegen die Störung des göttlichen Heilsplanes bildete. Zwischen Häresie und dem Satan bestand somit ein direkter Zusammenhang: der Teufel bediente sich der ihm wesensverwandten Ketzer als Werkzeuge zur Durchkreuzung des Heilsgeschehens[56]. Diese Abhängigkeit und Verwandtschaft konkretisierte sich für Oldecop in der Vorstellung, der Satan sei der Vater Luthers. Von daher wird verständlich, daß er ohne Bedenken Eigenschaften, welche nach damaliger Anschauung das Wesen des Satans ausmachten, auf Luther projizierte. Daraus entstand nicht ein dessen Individualität spiegelndes, sondern ein typisiertes Charakterbild.

Überindividuelle Züge prägten freilich weithin das Lutherbild der Zeitgenossen des Hildesheimer Dechanten. Katholische wie protestantische Autoren deuteten den Reformator vor einem geschichtstheologischen Hintergrund. Sie unterschieden sich einzig durch die „Vorzeichen", mit denen sie diese Sehweise versahen[57]; für jene war Luther ein Kind des Teufels, für diese hingegen ein Abgesandter und Prophet Gottes[58].

[55] 234,30; 245,26. Vgl. Teil II, Kap. 1. Siehe Westhoff 402, Heinrich von Pflummern 147. L. Widmann bezeichnete ihn als „frumen kezer" (191).

[56] Vgl. 18,10 (dazu Cochläus 1f., Fontanus 22); 117,15 (Freude des Satans über das angebliche Verbot der Ohrenbeichte durch Luther).

[57] Dazu siehe Zeeden, E. W., Martin Luther und die Reformation I, 27.

[58] Vgl. Nachträge zur niederdeutschen Handschrift der Magdeburger Schöffenchronik. 1483—1566, in: Die Chroniken d. deutschen Städte v. 14. bis ins 16. Jh. 27, 87—98, Leipzig 1899, S. 89 („der Edle Teure hohe Gotteß Man, helt und Prophet des Teutzschen Landeß"), Sastrow I, 186 („... des hocherleuchten, heiligen, an der gantzen welt wol verdienten, teuren Mans"),379, Kessler 12 (vergleicht Luther mit einem Schwan), Berckmann 26—28 sowie: Der selbständige Teil der Magdeburgischen Chronik von Georg Butze, in: Chroniken der deutschen Städte, 27, 99—140, Leipzig 1899, S. 120 („... ein gros licht der Christenheit").

3. Kapitel

Der theologische Aspekt der Reformation

a) Vorbemerkung

Bevor die im letzten Kapitel eröffnete geschichtstheologische Dimension der Reformationsdeutung des Chronisten schärfer in den Blick genommen werden soll, gilt es unter anderm zu ermitteln, inwieweit er die neuen Lehren als theologische Phänomene betrachtete.

Dabei ist festzustellen, in welchem Maße ihm theologische Gemeinsamkeiten und Unterschiede der reformatorischen Lehren bekannt waren. Ferner ist zu fragen, ob er sich mit diesen Anschauungen auf einer Ebene theologischer Argumentation auseinandersetzte. Im Falle einer negativen Antwort ist zu untersuchen, warum er eine solche Diskussion unterließ.

Bei der Beantwortung des Fragenkomplexes soll paradigmatisch verfahren werden: Oldecops theologisches Verständnis soll anhand seiner Stellungnahmen zum evangelischen Schriftprinzip, zum Sola-fide-Prinzip und zu den Abendmahlsauffassungen der reformatorischen Bekenntnisse beleuchtet werden.

b) Das evangelische Schriftprinzip

Schrankenloser Subjektivismus bildete nach Auffassung des Chronisten das vielleicht entscheidende Wesensmerkmal der Reformation. Diese Überzeugung wird sichtbar an dem von ihm beobachteten Bestreben der in zunehmender Zahl auftretenden „spitzen Köpfe", den Prozeß konfessioneller Aufspaltung zu immer kleineren Einheiten voranzutreiben[1]. Auf dem Hintergrund dieses Subjektivismus, der im Extremfall zu „schwärmerischer Wort- und Schriftfeindlichkeit" führte[2], mußte Oldecop auch dem evangelischen Schriftprinzip den Charakter des Objektiven absprechen. Es war in seinen Augen kaum mehr als eine Verbrämung subjektiver Willkür durch die Berufung auf eine angeblich objektive Instanz, die zuvor in Wahrheit nach Gutdünken umgeformt worden sei[3].

Ein Beispiel dafür sah der Chronist in der von ihm wie auch von Heinrich von Pflummern kritisierten Bibelübersetzung Luthers[4]. Diesem warf er vor, die Heilige Schrift durch Auslassungen, Hinzufügungen und Sinnentstellungen entsprechend den Eingebungen des Satans verfälscht zu haben. Nachdem diese Manipulationen

[1] 176,8: „und der nigen zwinglianer secten willen so vele werden, also spitze koppe und lutherschen predicanten in den steden und flecken wonet..." Vgl. 174,12.

[2] Vgl. LThK² IX, Sp. 489.

[3] Von diesem übergeordneten Prinzip des Subjektivismus wurde das evangelische Schriftprinzip in Oldecops Aufzeichnungen überdeckt. Die Tatsache, daß er bei der Aufzählung der Quellen des katholischen Glaubens besonderen Nachdruck auf die Tradition legte (vgl. III. Teil, 3. Kap., Abschn. c, bb), läßt darauf schließen, daß ihm das Sola-scriptura-Prinzip keineswegs unbekannt war.

[4] 253,31; vgl. 127,18; Heinrich von Pflummern 147f., 192. Protestantische Chronisten dagegen zollten Luthers Bibelübersetzung überschwengliches Lob (z.B. Georg Butze 120f.: „Der ander Cicero").

von Georg Witzel aufgedeckt worden seien[5], hätten die Sekten „nach Rat und Beistand ihres Vaters Satan" nach anderen Wegen gesucht, die Schrift zu verfälschen[6]. Mit solchen Unterstellungen begab sich Oldecop wiederum auf eine geschichtstheologische Betrachtungsebene.

c) Das Sola-fide-Prinzip

Der Hildesheimer Dechant bezeichnete den Glauben der neuen Lehren, dem die Werke fehlten, als einen „kahlen und toten" Glauben[7]. Nach seiner Überzeugung konnte Seelenheil im Jenseits nicht ohne Verrichten frommer Werke im Diesseits erlangt werden[8]. Ein Bemühen um ein tieferes theologisches Verständnis des Sola-fide-Prinzips ist in seiner Chronik nirgends zu erkennen. Hingegen betonte er die Bedeutung dieses Prinzips für die Zustände in der Welt[9].

In den reformatorischen Rechtfertigungslehren mag er Instrumente des Satans zur Störung des Heilsgeschehens erblickt haben. Angesichts der Gefährdung, die seines Erachtens von diesen theologischen Anschauungen für das menschliche Seelenheil ausging, lag dieser vom Chronisten freilich nicht ausgesprochene Gedanke außerordentlich nahe.

d) Die unterschiedlichen reformatorischen Abendmahlsauffassungen als Beispiele der Uneinheitlichkeit und Unbeständigkeit der neuen Lehren

Die ihm in Umrissen bekannten divergierenden Abendmahlsauffassungen der reformatorischen Lehren, die allesamt vom katholischen Abendmahlsverständnis abwichen, deutete Oldecop in seinen Aufzeichnungen nur an[10]. Ihm kam es nicht auf die Unterrichtung des Lesers über inhaltliche Einzelheiten der verschiedenen Ansichten an, sondern er wollte auf das Faktum der Unterschiedlichkeit hinweisen. An der Vielzahl der Sakramentsauffassungen demon-

[5] Oldecop verweist auf G. Witzels „Annotationes / das sind kurtze verzeichnus / inn die Wittenbergischen newen Dolmetschung der gantzen Heiligen Bibel / aller Christenheit zu lesen vnd hören sehr nott vnnd nütz", Eisleben 1536. Vgl. Witzel, G., Schriften. Bibliographisch bearb., nebst einigen bisher ungedruckten Reformationsgutachten und Briefen Witzels, hrsg. v. G. Richter, Fulda 1913, S. 28f.

[6] 254,1.

[7] 128,2; 452,12; 552,1; 664,10 (Die Lutherischen wollten nicht fasten, beichten oder Buße tun; „se geloven alleine mit dem munde und seggen, Christus hebbe genoch vor se gedan, ..."). Vgl. 487,15; 641,10.

[8] 33,24; 76,1: „Wente de love is tor salicheit nicht alleine genochsam"; 552,4.

[9] Siehe dazu das folgende Kapitel.

[10] 165,20; 174,8; 234,30; 249,22; 334.3.

strierte er die Wesensmerkmale der Uneinheitlichkeit bzw. Uneinigkeit und der Unbeständigkeit, die nach seiner und der Überzeugung anderer katholischer Autoren die religiösen Neuerungen kennzeichneten[11].

Bei Niederschrift der Chronik konstatierte er mehr als dreißig „Häresien", die aus ihrer „Mutter", der lutherischen Lehre, hervorgegangen seien[12]. Dieser unaufhörlich fortschreitende Aufspaltungsprozeß ergab sich ihm als Folge eines im Wesen der Reformation liegenden Subjektivismus, wovon bereits an anderer Stelle die Rede war[13]. Der innerprotestantischen Uneinigkeit stellte er die — auch auf Nichtkatholiken Anziehungskraft ausübende[14] — Einheit der katholischen Kirche gegenüber[15].

Die sich ständig aufspaltenden und wandelnden, trotz gewisser häretischer Solidarität[16] miteinander rivalisierenden „Sekten" hatten lediglich den gleichen Gegner gemein: die katholische Kirche. Da es dem Satan bisher nicht gelungen war, diese zu zerstören, sandte er unaufhörlich weitere, zunehmend gefährlichere und verwerflichere „Sekten" in die Welt[17]. Die Zerspaltenheit der neuen Lehren mag Oldecop gleich Clemens Sender aus einer angeblichen

[11] Vgl. auch 151,27 („Den sacramentarien und arzeketteren sin de luthersdhen doctores vele to ringe, de von orem erdome to bringende. De weddersdopers vorachten de lutherschen in de grunt"); 286,22; 365,27; 392,38 ([1556]: „de eine [der Kantone bzw. Orte der Schweiz in der Nähe von Konstanz und Basel] is luthersch, de andere carlstadisch, de derde zwingelisch, der verde calvisch, de vifte duvelsch, und swarmen sohen und meinen, ein ider hebbe den rechten geloven, ..."); 549,9; 605,28 (umfangreiche Liste von „Sektenbegründern"). Siehe Heinrich von Pflummern 147, 158, 193, 217 („Was der Luter und sin anhang hund in irem nachtmal, das wais ich nit, ursach des, dan huit hund si es vir ain zaichen, morn vir ain figur, ibermorn vir ain becken brot. Wie unbestendig lit in dem, wie ouch in andern dingen!"). 226, 236 („Item ist es nit ain verwierter tuifelscher handel mit der Lutery, Zwinglery, Butzery, Blarery etc.! Die brediger send selbs nit ains, der ain set das, der ander ain anders, ya, jetlicher vir sich selbs set ainer huit also, morn ain anders; ..."), Sender 179, 209.

[12] 75,24; 267,29; 527,30; 605,27.

[13] Vgl. oben Abschnitt b.

[14] Joh. Jacob Rabus (ca. 1545— ca. 1587) z. B. hatte Uneinigkeit der protestantischen Geistlichen an der lutherischen Lehre irre werden lassen. Nachdem er zum katholischen Glauben konvertiert war, wurde er Hofprediger Hzg. Albrechts v. Bayern und Stadtpfarrer von Straubing (vgl. Rabus, J. J., Rom. Eine Münchner Pilgerfahrt ... (1575), hrsg. v. K. Schottenloher, München 1925, S. XIV/XV sowie ADB 27, S. 95f.).

[15] Siehe auch III. Teil, Kap. 4 (Abschnitt b).

[16] 443,26 („... ein Wulf den andern nicht bit, ..."); 476,27; 623,30.

[17] 467,6; 437,14; 628,3 (schärfere Verurteilung des Calvinismus als des Luthertums).

Verbindung zwischen der reformatorischen Bewegung und dem Satan erklärt haben[18].

e) Ergebnisse

Im Gegensatz zu nicht wenigen seiner Zeitgenossen, denen es an Wissen über Lehrunterschiede zwischen den Konfessionen[19] mangelte, waren Oldecop die wichtigsten Inhalte der neuen Lehren durchaus bekannt. Andernfalls wäre er nicht imstande gewesen, das katholische Glaubensgut verhältnismäßig klar von dem der reformatorischen Bekenntnisse abzugrenzen[20]. Er teilte jedoch dem Leser „häretische" Lehren nur insoweit mit, als ihm dies zum Verständnis seiner in den Aufzeichnungen gezogenen Schlußfolgerungen notwendig erschien. Wenn man bedenkt, daß er hinter den neuen Lehren und ihren Prinzipien den Satan vermutete, wird verständlich, daß er sich nicht auf längere theologische Kontroversen einließ. Theologische Aspekte der Reformation dienten ihm einerseits als Anknüpfungspunkte für geschichtstheologische Reflexionen; zum anderen betrachtete er sie unter dem Gesichtspunkt ihrer möglichen Auswirkungen auf die Zustände in der Welt.

[18] Daß Oldecop Lehrzwiespalt in Zusammenhang brachte mit dem Satan, geht aus 549,9 hervor („ein duvelsch gespenst, discidium, twispalt ..."). Vgl. Sender 209: Der Teufel als Geist der lutherischen Prediger sei lügenhaft, „darumb ist ir reich zertailt und baufellig".

[19] Vgl. dazu Zeeden, Entstehung 77.

[20] Siehe III. Teil, 3. Kap. (c).

4. Kapitel

Die Reformation als Störung der Ordnung in der Welt

a) Die mit den Glaubensneuerungen in Beziehung gebrachten Mißstände und Gebrechen

Johan Oldecop betrachtete die Reformation als Meilenstein in dem Verfallsprozeß, welchem die Welt unterliege: er wertete dieses Ereignis als ein Ergebnis der Verschlechterung und zugleich als Ursache für eine weitere Auflösung etwa noch bestehender Werte[1]. Für die Gebrechen seines Zeitalters machte er fast ausschließlich die neuen Lehren verantwortlich. Seine Argumentationsweise war in diesem Falle — wie auch sonst — stärker konfessionell akzentuiert als z. B. die des Regensburger Chronisten Leonhart Widmann[2].

[1] Vgl. die Ausführungen über das Weltbild des Chronisten (Teil I, Kap. 5).

[2] Vgl. dazu z. B. L. Widmann 104f., 192.

In der mit der Glaubensspaltung entstandenen „neuen“ Welt seien alle Werte, die bis dahin gegolten hätten, in ihr Gegenteil verkehrt worden[3]. Diese Umwälzung der Werte glaubte er in allen Lebensbereichen zu bemerken. Ungehorsam erschüttere die kirchliche[4] und die weltliche Ordnung; er gefährde die Lebensgemeinschaft der Familie und bedrohe das von Gott gewollte hierarchische Gesellschaftsgefüge überhaupt[5]. Gegen die Leitgewalt des Kaisers im kirchlichen Bereich und gegen seine weltliche Herrschaft — zwischen beiden trennte Oldecop nicht scharf — lehnten sich die lutherischen Obrigkeiten auf[6]. Für die lutherischen Städte habe die aufgrund gleichen Glaubens betriebene Solidarisierung mit Territorialherrn, die ihnen seit alters feindlich gesinnt waren, eine Schwächung ihrer politischen Machtstellung und ihres wirtschaftlichen Wohlergehens zur Folge gehabt[7].

Die vermehrten Rüstungen, Fehden und Kriege seines unruhigen Zeitalters sowie den Aufruhr des gemeinen Mannes gegen die Obrigkeiten deutete er als Auswirkungen dieses mit der Reformation angeblich über die Menschen gekommenen Ungehorsams[8]. In

[3] 485,13: „Dewile nu de lutherschen friheit de overhant genomen, so is nein gehorsam, velweiniger leve und truwe, sunder de unredelicheit, gewalt und unrecht foret den wagen der bosheit“; 505,6: „Summa de welt is full aller bosheit in dudeschen landen; wente hir is nein frochte, gehorsam, truwe oder leve, sunder idel ungelove“; 605,25: Glaube, Liebe, Treue in ihr Gegenteil verkehrt. Siehe auch 152,1; 271ff.; 308,34; 428,8; 444,4; 485,9; 579,20.

[4] Siehe darüber III. Teil, 1. Kap., Abschn. c.

[5] 118,2: „De joget, de to der schole gink und de lutherschen fibelen begunde to lesen, wen de inkam, wart dorch de ersten elementa der lutherschen lere so to dem ungehorsam bewegen, dat de kinder erst vader und moder ungehorsam worden, dar negest de fruwe dem manne, de man sinem burgermester eder de bur sinem junchern, de juncher sinem fursten, de furste dem paweste und keiser ungehorsam wart.“ Vgl. 273,10.

[6] Um 1545 habe der Kaiser bei den lutherischen Obrigkeiten in solchem Ansehen gestanden, „dat se siner obericheit lacheden und sin camergerichte vor nichtest heilden und deden alle, wes one gelustede und frochteden neimandes mer, aver gedechten dach und nacht, wo se den fromen keiser Carl vorjagen mochten und sinen broder Ferdinandum, den romeschen konningh, den fromen und gotfrochtigen minschen, ome mochten najagen“ (242,3). Vgl. außerdem 187,31; 264,12; 307,9; 312,11; 322,24; 361,3; 476,16. Siehe Heinrich von Pflummern 223. Ohne konfessionell einseitige Akzentuierung warf Oldecop an anderer Stelle Kurfürsten und Fürsten vor, Reichskammergericht und Landfrieden aus egoistischen Motiven abgelehnt zu haben (245,17).

[7] 173,38.

[8] 535,14 (Rüstungen); 504,23 (Krieg als Lebensprinzip der lutherischen „Sekte“): „Summa de lutherschen willen alle tit feide und unfrede hebben und dar wasset dorch ore grotheit und der secten erholdunge, ...“); 458,32; 477,9; 118,31. — Siehe L. Widmann 56 (Zusammenhang zwischen lutherischer Lehre und Aufruhr).

Übereinstimmung mit anderen zeitgenössischen katholischen Chronisten machte er für den Bauernkrieg von 1525 die lutherische „Freiheit“ verantwortlich[9].

Allerdings waren in seinen Augen die neugläubigen Obrigkeiten mitschuldig an solchem Aufruhr: sie ließen es geschehen, daß ihre Amtleute unter dem Deckmantel der neuen Lehre Bürger und Bauern tyrannisch schatzten und schindeten[10]. Andererseits hätten die von der reformatorischen Freiheit angesteckten Obrigkeiten trotz zunehmender Kriminalität der Untertanen ihren Strafzwang nicht verschärft, sondern abgemildert und dadurch der menschlichen Willkür freien Lauf gelassen[11].

Der religiöse Zwiespalt im Innern des Reiches schwächte zugleich dessen Stellung gegenüber äußeren Feinden[12]. Oldecop warf den lutherischen Obrigkeiten vor, nicht nur den Kaiser bei der Abwehr der Türken im Stich gelassen, sondern sogar über deren militärische Erfolge frohlockt zu haben[13]. Mehr noch: er bezichtigte lutherische Prädikanten, Einfälle der Türken in Gebiete veranlaßt zu haben, die seines Wissens streng altgläubig waren[14]. Nach seiner Überzeugung scheuten die „Sekten“ seiner Gegenwart kein Mittel, auch nicht das Paktieren mit heidnischen Mächten, um den Katholizismus zu schwächen. Auch die Türkengefahr betrachtete er aus konfessionell einseitiger Blickrichtung.

Die von ihm konstatierten Veränderungen auf wirtschaftlichem Gebiet brachte er ebenfalls durchweg in Beziehung zur Reformation. Münzverschlechterungen und Preissteigerungen, worüber die Chronisten des 16. Jahrhunderts einhellig klagten, erklärte er im allgemeinen nicht mit ökonomischen Faktoren, sondern als Folgen einer Abnahme der Treue in der Welt[15]. Ähnliches gilt für ein in

[9] 140,24. L. Widmann 60, 70: die Bauern „het dy christlich freihat gar mordunsinig gemacht“. — Heinrich von Pflummern 152.

[10] 475,12.

[11] Vgl. 297,17 (nach Einführung der Reformation in Magdeburg): „do wart ... swert, galgen und reder, neddergelt und solche justitia und straffe upgeheven und hindan geschoven“.

[12] 80,13: „Wente, de luthersche lere und twidracht in der religion und misvortruwent under den dutschen fursten, dede de Turke in den christenlanden alle wes [he] wolde.“ 75,17; 120,15. Moskowiter: 285,23; 401,10; 476,8.

[13] 310,34; 146,10; 245,20; 595,29; 646,9.

[14] 117,3 (Kärnten und Steiermark).

[15] 607,19. Siehe auch 7,26; 12,31; 31,38; 380,6. Aber 509,5: Regnerischer Sommer Ursache für hohe Honigpreise. Über die Preissteigerungen im 16. Jahrhundert vgl. Hassinger, E., Das Werden des neuzeitlichen Europa 1300—1600, Braunschweig 1964, 231ff.

seinem „frühkapitalistischen“ Zeitalter zunehmendes Gewinnstreben der Kaufleute[16].

Auch ein angebliches Anwachsen der Kriminalität, welches er durch zahlreiche Einzelbeispiele zu dokumentieren suchte, führte er auf die neuen Lehren und ihre Prinzipien zurück. In Diebstahl, Raub, Mord und anderen Delikten sah er Auswüchse der reformatorischen Freiheit[17]. Selbst das Strauchritterwesen lastete er der lutherischen Bewegung an[18].

Schließlich glaubte er, die Reformation habe sogar eine Verschlechterung im Wesen der Menschen bewirkt. Diese Auffassung versuchte er mit zahlreichen Beispielen sittlicher Verwahrlosung und Verrohung zu untermauern[19]. Hoffart — für ihn das Hinausgreifen der Menschen über die ihnen in der göttlichen Weltordnung gesetzten Schranken —, Eitelkeit, Vermessenheit und ähnliche Eigenschaften[20], die nach damaliger Vorstellung Wesensmerkmale des Satans bildeten, dominierten in der menschlichen Natur seit dem Auftreten des angeblich mit den gleichen Charaktermängeln behafteten Wittenberger Reformators[21]. Daß Oldecop und andere katholische Chronisten bei Aufzählung der vermeintlichen Auswirkungen der Reformation besonderen Akzent auf sittlich-moralische Veränderungen legten[22], spiegelt die Moralisierungstendenz jener Zeit.

[16] 475,12. Andererseits brachte er auch die von ihm beobachtete Verarmung der Städte in Zusammenhang mit der Reformation (392,26; 485,13; 507,23).

[17] Z. B. 484,23: Schweinekauf gegen Falschgeld. Oldecop kommentiert: „Ein solchen vormetenheit und schinbarliche bedregerie und swinekopers geberet uns dat luthersche evangelium“ (485,9). Vgl. 485,21; 662,26; 663,16; 664,14; 666,24 u. a.

[18] 475,12.

[19] Z. B. 191,13 (Ehescheidungen Heinrichs VIII. von England); 385,21 („Hosenteufel“); 471,5 (Inzest); 641,12 (erpresserischer „Ehebruch“). Vgl. 663,16: „De luthersche lere ... leret vele friheit des flesches.“ 475,16. — 50,17: Angebliche Häufung von Morden in Wittenberg nach Luthers Ablaßstreit. Die Studenten seien nach diesem Ereignis „ro und wilde, uprorisch und ungehorsam“ geworden. Siehe auch 428,33; 475,19; 579,23 („de joget is to dusser tit gemenlich untruwe, uprors, blotgirich und vormeten und wil mit nichte gehorsam leisten“); 605,6. — 275,9: Lügenhaftigkeit sei Wesensmerkmal der lutherischen Prädikanten: „wente ore vader is ein logener.“ Vgl. 137,22; 236,26; 496,1. Clemens Sender bringt Ehebruch und Homosexualität in Beziehung zu den neuen Lehren (334f., 404; vgl. außerdem 184,291).

[20] 166,35; 218,16; 250,27; 304,36 ([1551]: „hoffart und dulle vormetenheit“ der Magdeburger); 307,9; 334,25 u. a.

[21] Siehe Teil II, Kap. 2.

[22] Vgl. auch Teil I, Kap. 5 und Teil II, Kap. 2.

b) Die Erklärung des Zusammenhanges zwischen Reformation und innerweltlichem Ordnungsverfall

Die vom Chronisten vorgenommene Verknüpfung von Glaubensneuerungen und innerweltlichen Mißständen bildete vordergründig gesehen eine Spielart wirksamer konfessioneller Polemik. Ihr lag freilich eine ganz bestimmte Auffassung vom Wesen der Reformation zugrunde. Als deren entscheidendes Prinzip betrachtete er einen schrankenlosen Subjektivismus, den er als reformatorische „Freiheit" umschrieb[23]. Diese verwechselten er und nicht wenige seiner altgläubigen Zeit- und Bildungsgenossen mit Bindungslosigkeit.

Von diesem Subjektivismus zeugten nach Ansicht Oldecops und anderer katholischer Chronisten des 16. Jahrhunderts der eklatante Rechtsbruch, durch den die reformatorische Bewegung entstanden sei, sowie eine Kette weiterer Verstöße gegen geistliches und weltliches Recht[24]. Auch auf moralischem Gebiet habe er weitreichende Wirkungen gezeitigt: nicht nach den objektiven Maßstäben der alten Kirche, sondern nach eigenem Ermessen bestimmten die Neugläubigen, was Sünde sei[25].

Die Loslösung der Menschen von jeglichen Bindungen sei dadurch begünstigt worden, daß Luther und seine Prädikanten keine wahre Buße predigten, da sie die guten Werke leugneten[26]. Das angebliche Verbot der Ohrenbeichte durch den Reformator bedeutete für Oldecop zudem die Preisgabe eines wichtigen Instrumentes zur Zügelung menschlicher Willkür[27]. Zwischen der Abschaffung der Quadragesima und der von ihm beobachteten Zunahme der Fehdetätigkeit bestand für den pragmatisch denkenden Chronisten ein unmittelbarer Zusammenhang: im Gegensatz zur vorreforma-

[23] Vgl. 197,18 („fleisliche und luthersche friheit"); 380,6 („de friheit der lutherschen lere"); 389,29; 403,32; 428,19; 641,5 u. a.

[24] Neben den oben in Abschnitt a genannten Beispielen vgl. III. Teil 1. Kap. (b). Den Gesichtspunkt des Rechtsbruchs betonte vor allem der Schwäbisch Haller Chronist Georg Widman. (Widman, G., Chronica, bearb. v. Chr. Kolb, in: Geschichtsquellen der Stadt Hall 2 [Württembergische Geschichtsquellen 6], Stuttgart 1904, vgl. besonders 279, 302, 337f.). Siehe auch Heinrich von Pflummern 192, 223f.

[25] 641,12: „... und dat one neine sunde si, dat se bi sik nicht vor sunde achten."

[26] 487,10: „wente de lutherschen predicanten lenger wen drittich jar und doctor Lutherus mit one nicht ein wort von warer und rechter bote geprediget." Vgl. 551,33.

[27] 33,22: „und de bicht heilt manigen torugge, dat he siner bosheit sturen moste." Vgl. 117,17.

torischen Zeit begünstige nunmehr Fleischgenuß das Fehden während der Fastenzeit[28].

Den entscheidenden Grund dafür, daß Liebe und Barmherzigkeit aus der mit der Glaubensspaltung entstandenen „neuen" Welt verschwunden seien, sah er in der Leugnung der guten Werke durch die Reformatoren[29].

c) Ergebnisse und Folgerungen

Der Hildesheimer Chronist verstand die Glaubensspaltung nicht als rein theologischen Vorgang, sondern als Ereignis mit weitreichenden Auswirkungen auf die Zustände in der Welt. Diese Tatsache belastete seine Auseinandersetzung mit dem konfessionellen Gegner. Eine Diskussion auf ausschließlich theologischer Ebene erschien ihm keineswegs als ausreichend. Die theologische „Einigung" — verstanden als Unterwerfung der neuen Lehren unter die Lehrautorität der alten Kirche[30] — bildete nur e i n e Voraussetzung für die Aufhebung der Glaubensspaltung. Eine zweite, vielleicht noch wichtigere Voraussetzung aber lag darin, daß die Anhänger der neuen Lehren sich wieder zu den Werten bekannten, die bis zum Auftreten Luthers in der Welt gegolten hätten. Andererseits darf nicht übersehen werden, daß durch die Identifizierung von „Ordnung" und altem Glauben der Katholizismus nicht unwesentlich gestützt wurde — und dies zu einer Zeit, in der die Glaubensimpulse des Tridentinums noch kaum zu wirken begonnen hatten.

[28] 15,10.
[29] 76,1; 606,37.
[30] Vgl. IV. Teil, 2. Kap.

5. Kapitel

Die Einordnung der Glaubensspaltung in den Ablauf der Heilsgeschichte

a) Die Relativierung der neuen Lehren durch Vergleich mit den Ketzereien der Kirchengeschichte

Die reformatorischen Lehren verstand Oldecop als Glieder in einer langen Reihe von Ketzereien[1]. Zwischen den „Häresien" seiner Gegenwart und den Irrlehren in der Frühzeit der Kirche glaubte er zahlreiche Ähnlichkeiten zu erkennen. Deren wichtigste bestanden für ihn in willkürlicher Auslegung der Schrift und innerer

[1] Vgl. z. B. 174,8; 459,10; 459,20 („nu de secten scheir alle wedderumme am dage").

Zerspaltenheit, die beide aus dem Subjektivismus dieser Bewegungen resultierten[2].

Auch andere katholische Geister der Zeit, wie zum Beispiel der gelehrte Fürstbischof Berthold von Chiemsee[3] und Heinrich von Pflummern, verglichen die reformatorischen Lehren mit den alten Ketzereien. Die von diesen Autoren geäußerte Überzeugung, alle bisherigen Heimsuchungen der Kirche gipfelten in der Reformation[4], findet sich in dieser zugespitzten Form expressis verbis bei Oldecop nicht. Dennoch korrespondiert sie mit der Schlußfolgerung, welche er für sein Zeitalter ziehen mußte, wenn er die Maxime, Gott lohne oder strafe die Menschen entsprechend ihren Werken[5], und die Vorstellung von einer sich zunehmend verschlechternden Welt[6] miteinander verknüpfte, nämlich: daß Gott die Menschen härter als je zuvor bestrafen müsse[7].

Alle drei Verfasser betrachteten die Glaubensspaltung nicht als isolierten Vorgang, sondern ordneten sie in den größeren Zusammenhang von Kirchen- bzw. Heilsgeschichte ein[8]. Sie relativierten die Reformation damit entscheidend in ihrer Bedeutung: sie war nur e i n e — wenn auch die gefährlichste — der Anfeindungen, welche die katholische Kirche jemals erlitten hatte.

Aus der Rückwendung in die Frühzeit der Kirche schöpften die Autoren angesichts mancherlei Verluste des Katholizismus ihrer Gegenwart Kraft zum Durchhalten in der konfessionellen Auseinandersetzung des Tages und Zuversicht für die Zukunft des eigenen Glaubens. Die Beobachtung, alle bisherigen Ketzereien hätten sich als verhältnismäßig kurzlebig erwiesen[9], ließ sie hoffen, auch die

[2] Vgl. 429,29: Die alten Sektenmeister hätten den von ihnen verleiteten frommen Christen „vor ore gutdunkent der schrift und eine besundern friheit des evangelii" gepredigt. 253,31; 174f. Siehe auch Teil II, Kap. 3. Weitere Gemeinsamkeiten: 248,20 („De arrianerschen kettere deden ok so"); 524,22; 617,32; 633,1. — Vgl. Heinrich v. Pflummern 235: „die ketzer hund alweg uf die kschrift bochet."

[3] Über Berthold (Pürstinger) von Chiemsee (1465—1543) vgl. LThK², II, Sp. 265f.

[4] Berthold (Pürstinger) v. Chiemsee, Tewtsche Theologey, hrsg. v. W. Reithmeier, München 1852, 112 („... geschwindist ketzerey, dergleychen, villeycht alslang cristenliche kirch gestannden, nit gewesen ist"), 637. Heinrich von Pflummern 235: „ain spitzige ketzerey ist es, von fil cetzern in fil 100 jaren zuo samet bracht." Vgl. 146.

[5] Vgl. Teil I, Kap. 4.

[6] Vgl. Teil I, Kap. 5.

[7] Siehe 474,29.

[8] Vgl. auch 617,25.

[9] 467,3: „... und aller anderen secten schepe mit oren mestern Symone Mago,

neuen Lehren würden irgendwann wieder aus der Welt verschwinden[10].

b) Die Reformation — eine von Gott verhängte Strafe

Wie an anderer Stelle dargelegt wurde, interpretierten die Chronisten des 16. Jahrhunderts Seuchen, Unwetter, Naturkatastrophen und dergleichen übereinstimmend als von Gott über die Menschen wegen ihres sündhaften Treibens verhängte Strafen[11]. Mit den Kategorien von Schuld und Strafe beurteilten Oldecop und andere katholische Autoren auch die Reformation, die umgekehrt von ihren Anhängern als Erweis göttlicher Gnade verstanden wurde[12]. Gleichermaßen wie er den sich ihm in Naturerscheinungen offenbarenden göttlichen Willen naiv zu deuten suchte, grübelte er unter Anwendung menschlicher Denk- und Urteilsformen darüber nach, warum Gott die Glaubensspaltung über die Welt habe kommen lassen.

Er sah darin vor allem eine Strafe für die Verschlechterung der Menschen, insbesondere für die im katholischen Klerus eingerissenen Mißstände[13].

c) Die Reformation — zugleich eine Herausforderung Gottes

In einer auf den ersten Blick paradox anmutenden Weise bildete die Reformation nach dem Verständnis des Hildesheimer Chronisten einen Akt göttlicher Strafe und zugleich ein Ereignis, das seinerseits Gottes Zorn herausforderte[14].

Dieser scheinbare Widerspruch läßt sich bei tieferem Eindringen in die Gedankenwelt Oldecops aufklären: Gott habe den Vollzug der über die Menschen verhängten Strafe dem Satan überlassen.

Cherynto, Hebione, Arrio und der geliken, sint ein na dem anderen alle in de helle vorsunken."

10 Vgl. Teil IV, Kap. 2 (b).

11 Siehe Teil I, Kap. 4 (b).

12 Vgl. z. B. Berckmann 27.

13 459,10: „Wente se [die Kanoniker] und ik leider mit one sin in der schult und orsake geven, dat umme der geistlichen sunde willen got vorhenget, dat erst de geringe luthersche secte und darna wedderumme alle vordammede olde boser secten vorniget und in der welt gekomen sint." Siehe auch Heinrich von Pflummern 227: „Item jch halt vestenclichen, die Luterschen leff habe got verhengt unser bepstlicher misbrich halb in unserm globen, ouch misbrich halb in gaistlichen und weltlichen stend." Mit diesen von ihm nicht näher umrissenen Mißständen bei den „weltlichen Ständen" dürfte Pflummern unter anderm Völlerei, schlechten Lebenswandel und Eigennutz der Menschen gemeint haben, worüber in den Chroniken der Zeit — aber nicht nur dort — immer wieder geklagt wurde (vgl. z. B. G. Widman 279, Sender 252).

14 L. Widmann sah in der Einführung der Reformation in Regensburg (1542) eine mögliche Ursache für „deß ganzen teutschen lands verderben" (202).

Der Satan, der ständig bestrebt sei, den ihm von Gott gewährten Wirkraum in der Welt auszuweiten, versuche mit Hilfe der von ihm in die Welt gesetzten und regierten neuen Lehren das göttliche Heils- und Erlösungswerk zu durchkreuzen[15].

Indem die Menschen den Eingebungen des Teufels folgten, beschworen sie jedoch Gottes Zorn herauf. Statt nach dem Hereinbrechen der Glaubensspaltung ihre Verfehlungen zu bereuen und zu Gott zurückzukehren, schritten sie auf dem Weg des Bösen fort. Durch zahlreiche Akte von Ungehorsam verletzten sie das weltliche Recht[16]. Solche Verstöße wurden nach damaliger Rechtsauffassung zugleich als Bruch göttlichen Rechts empfunden[17]. Gegen letzteres vergingen sie sich zudem durch zahlreiche Übergriffe in den Eigenbereich der Kirche[18].

Nach Überzeugung des Chronisten hatten die Menschen die ihnen auferlegte Bewährungsprobe der Reformation bislang keineswegs bestanden. Er bemerkte z. B. noch keinerlei Anzeichen einer durchgreifenden Besserung beim katholischen Klerus[19]. Doch damit nicht genug: statt sich von den angeblich vom Teufel ins Werk gesetzten neuen Lehren eindeutig zu distanzieren, wandten sich ihnen die seines Erachtens sittlich und moralisch zunehmend haltloseren Menschen unablässig zu.

Manifestationen göttlichen Zornes über die Anhänger der reformatorischen Lehren glaubten Oldecop und andere altgläubige Chronisten nicht selten bereits in dieser Welt zu erkennen[20]. Wo die Bestrafung nicht schon im Diesseits erfolge, sei sie mit Sicher-

[15] Vgl. 254,6; 37,5; 179,17; 527,28. Eine Beziehung zwischen dem Satan und der neuen Lehre bestand ferner für Clemens Sender (209) und Leonhart Widmann (172, 204, 242). Auch Michael Helding (1506—1561, Weihbischof von Mainz, Bischof von Merseburg, vgl. LThK², V, Sp. 207) sah in der Reformation den Satan am Werk. Vgl. Catechismus, Das ist / Christliche Underweißung . . . , Mainz 1553, CLVII.

[16] Beispiele siehe oben Teil II, Kap. 4.

[17] Vgl. Brunner, O., Moderner Verfassungsbegriff und mittelalterliche Verfassungsgeschichte, in: MÖIG, 14. Erg.band, Innsbruck 1939, S. 22. Vgl. Berthold v. Chiemsee 660 (Wer weltlicher Gewalt widerstehe, widerstehe göttlicher Ordnung).

[18] Siehe Teil III, 1. Kap. (b).

[19] Vgl. Teil III, 2. Kap. (c).

[20] Aus der Fülle der Beispiele vgl. 562,12 (1564 Erdbeben in Savoyen): „De gotlesters und Calviner sint dorch got in Soffoyen gestraffet und levendich vorsunken." 236,13: Karlstadt, Zwingli und Oekolampad seien alle drei „smelich umgekomen"; 226,14; 247,15; 257,23; 268,1; 480,37; 579,26; 619,34; 636,6; 645,13 u. a. Siehe Sender 185 (Fleischmangel Strafe für Fleischgenuß während der Fastenzeit).

heit im Jenseits zu erwarten[21]. Diese Gewißheit tröstete sie über manche Verluste des Katholizismus ihrer Gegenwart hinweg[22].

d) Glaubensspaltung und Weltende

In der von ihnen beobachteten Auflösung altüberkommener Ordnungen im Gefolge der Glaubensspaltung mögen nicht wenige altgläubige Menschen des 16. Jahrhunderts mit lebhaften eschatologischen Erwartungen ein wichtiges Indiz dafür gesehen haben, daß das Weltende in naher Zukunft zu gewärtigen sei.

Der Hildesheimer Dechant teilte solche Spekulationen nicht. Er scheint vielmehr an einen — wenn auch nicht unbegrenzten — Fortbestand einer sich zunehmend verschlechternden Welt geglaubt zu haben[23].

Wenn auch die Menschen die Prüfung in Gestalt der Reformation bislang nicht bestanden hatten, blieb ihnen doch die Möglichkeit, irgendeinmal aus freien Stücken auf den rechten Weg zurückzukehren[24]. Gott in seinem langmütigen Gericht würde dann zu großzügigem Verzeihen bereit sein. Oldecop knüpfte daran jedoch nicht die Hoffnung, Gott würde dann auch dem Prozeß der Verschlechterung der Welt Einhalt gebieten.

[21] Ein Frevler, welcher der Steinfigur des Hl. Paulus in der Hl. Kreuzkirche in Hildesheim den Kopf abgeschlagen hatte (bereits zuvor war dasselbe mit der Figur des Hl. Petrus geschehen) sei vom Rat nur milde bestraft worden. „Und darna wart he einem anderen richter befolen; wente dat capitel sanctae Crucis befeilde de wrake den apostolen, den de hoen geschein was, und godde, de ein rechtferdich richter is, de dar gift lon einem ideren na sinen warken. Mathei 16, ad Romanos I, David psalmo 61“ (284,29). Die Spuren dieser Taten sind übrigens noch heute erkennbar. Vgl. ferner 142,4; 232,3; 264,8; 284,12; 335,18; 357,19; 452,19; 473,26. Siehe auch die Randbemerkung zu Oldecops Exemplar der Kirchengeschichte des Fontanus: „non hic in mundo, sed puniuntur in inferno“ (Euling, Zur Charakteristik 157). Heinrich von Pflummern 152, 184, 183.

[22] 258,13; 274,8. Vgl. Heinrich von Pflummern 178ff.: Die Lutherischen hätten ihn durch ihre Predigten aus Biberach vertrieben. „Aber nement sy den Luther und Zwingli etc. und allen iren kschwader zuo hilff, so kindent sy mich nit us dem himel bredigen und bringen.“

[23] Siehe Teil I, 5. Kap.

[24] Vgl. Teil I, 4. Kap. (b).

III. TEIL

DIE KATHOLISCHE KIRCHE DES 16. JAHRHUNDERTS

1. Kapitel

Die Beurteilung der Lage der katholischen Kirche des 16. Jahrhunderts durch den Chronisten

a) Vorbemerkung über das äußere Schicksal der Kirche im Verlauf ihrer Geschichte

Die Kirche in ihrer äußeren Erscheinung war im Verlaufe ihrer vielhundertjährigen Geschichte immer wieder von häretischen Lehren und sich dazu bekennenden weltlichen Mächten heimgesucht worden. Oldecops Überzeugung, die Existenzgefährdung der katholischen Kirche seiner Zeit sei ungleich ernsterer Natur als je zuvor[1], steht in Einklang mit seiner Maxime, die Welt verschlechtere sich mit zunehmendem Alter. Er wandte jedoch sein zeitliches Gliederungsprinzip, wonach jeweils nach Ablauf von fünfzig Jahren weitere Verschlechterung eintrete[2], nur auf sein gegenwärtiges und das unmittelbar vorausgegangene Zeitalter, nicht aber auf den Gesamtverlauf der Welt- bzw. Kirchengeschichte an. Eine derartige Determinierung hätte keinen Raum für die Vorstellung gelassen, Gott gewähre den Menschen als Belohnung für ihr — zwar seltenes — Wohlverhalten Perioden relativer Ruhe und Ordnung in allen Lebensbereichen — wie dies zum Beispiel für die Jugendzeit des Chronisten der Fall gewesen sei. Die Kirchengeschichte bewegte sich in seiner Sicht nicht linear, sondern gleichsam wellenförmig zu weiterer Verschlechterung hin.

b) Die äußere Bedrohung der alten Kirche seit dem Auftreten Luthers

Nach Auffassung Oldecops bedrohte der seit dem Entstehen der lutherischen Lehre in ein entscheidendes Stadium getretene Prozeß der Auflösung altüberkommener Werte und Institutionen in besonderem Maße die katholische Kirche in ihrer äußeren Erscheinung.

[1] Angesichts der Einkreisung des Hochstifts Hildesheim durch protestantische Mächte empfand er diese Bedrohung besonders lebhaft.

[2] Vgl. Teil I, Kap. 5.

Als erste bedeutsame Schmälerung ihrer Existenz wertete er die Verluste, welche das Hochstift Hildesheim als Folge der „Großen Stiftsfehde“ (1518—23) erlitten hatte[3]. Dessen beträchtliche Verkleinerung zugunsten der Territorien der landhungrigen Herzöge von Braunschweig beklagte er nicht nur aus lokalpatriotischen Motiven, sondern mehr noch, weil das Hochstift für ihn weitgehend die sichtbare Kirche überhaupt repräsentierte. Sein Denken umkreiste fortan unaufhörlich die tieferen Ursachen für den Niedergang des Hochstifts und die Aussichten für eine Restituierung desselben[4].

In der Reformation sah er gleich anderen altgläubigen Chronisten der Zeit zunächst eine massive Bedrohung der materiellen Existenz der katholischen Kirche. Er übersah keineswegs die Eingriffe altgläubiger Obrigkeiten in den kirchlichen Bereich[5], doch stellte er die Schmälerung der Einkünfte der katholischen Geistlichen durch neugläubige Obrigkeiten besonders heraus[6]. Zahllos sind die Nachrichten über Bilderstürme, Schändungen, Plünderungen, Zweckentfremdungen und Zerstörungen von Kirchen und Klöstern[7]. Immer wieder berichtete er von Überfällen auf Mönche und Vergewaltigungen von Nonnen[8]. Man wird freilich heute zumeist kaum mehr nachprüfen können, inwieweit solche Mitteilungen im Einzelfall der Wahrheit entsprachen. Da der Chronist im allgemeinen nur Exzesse des konfessionellen Gegners beleuchtete, solche der eigenen Seite aber mit Schweigen überging, entstand ein einseitiges Bild.

Darüber hinaus glaubte er durch die mit der katholischen Kirche in Konkurrenz tretenden neuen Lehren seinen sozialen Status, den Rang in einer hierarchischen Gesellschaftsordnung gefährdet[9]. In

[3] Im „Quedlinburger Rezeß“ von 1523 verblieben dem Bischof von 11 Ämtern, 27 Grafschaften und 21 Schlössern nur 3 Ämter und die Dompropstei mit 90 in diesem Raum gelegenen Dörfern (Das sog. „Kleine Stift“). Vgl. LThK² V, Sp. 345, Bertram II, 33.

[4] Vgl. 113,25; 118,10; 262,12; 263,23; 391,23.

[5] Z. B. 170,19.

[6] 206,3; 221,15; 242,16; 246,33; 259,6; 261,31; 640,28 u. a. — Vgl. L. Widmann 192, 212, Heinrich von Pflummern 181.

[7] 114,22; 173,20; 202,23; 229,30; 232,9; 335,5; 357,19; 501,27; 504,34; 540,14; 600,35; 604,4; 636,10: „Mit vorleve geredet, se [d. h. die Geusen] schetten up de altar und in de dope“; 649,26 u. a.

[8] 264,6: „Se [die Magdeburger] hengeden de monike, tom dele sloge se de doet, de one drauweden. De nunnen worden geswedkt, tom dele hemelich wechgefogert“; 291,37; 327,1; 620,15; 629,22; 636,6; 653,27 u. a.

[9] 118,32 („... de geistlichen nicht alleine an oren guderen, sunder ok an oren eren und werden to vorsmelerende“). — Vgl. L. Widmann 171.

einer Zeit ausgeprägten Standesbewußtseins mag er dies um so schmerzlicher empfunden haben.

Anlaß zu dergleichen Befürchtungen mochten ihm zum Beispiel die Behinderungen seiner Amtsausübung gegeben haben, welche er erdulden mußte, als 1542 nach Einführung der lutherischen Lehre in der Stadt Hildesheim zunächst der öffentliche, bald darauf im Jahre 1544 auch der nichtöffentliche Gottesdienst in der Heiligkreuzkirche verboten wurde[10], und der ihm über die Maßen verhaßte Justus Jonas in dieser Kirche die Episteln des Heiligen Paulus auslegte[11].

Die katholische Kirche des 16. Jahrhunderts in ihrer äußeren Erscheinung war für Oldecop und andere zeitgenössische altgläubige Autoren eine leidende, keine triumphierende. Dies fand sinnfälligen Ausdruck zum Beispiel darin, daß die Glocken der katholischen Kirchen vielenorts verstummen mußten[12].

Die Gewißheit, daß Heimsuchungen durch äußere Feinde geradezu ein Wesensmerkmal der sichtbaren Kirche bildeten, und der feste Glaube, Gott werde Frevler am Kirchengut wo nicht in dieser, so in jener Welt bestrafen[13], verliehen ihm in einer Zeit äußerer Verluste des Katholizismus Festigkeit und Zuversicht.

c) Die innere Situation der katholischen Kirche

Obwohl die „Irregularitäten im kirchlichen Organismus des ausgehenden Mittelalters ihre kräftigsten Wurzeln allem Anschein nach im Institutionellen, im Rechts- und Privilegienwesen und in der Sozialverfassung“ hatten[14], klagten Oldecop und andere altgläubige Chronisten kaum einmal über derartige Gebrechen[15].

Die Identifizierung von sichtbarer Kirche und altüberkommener Ordnung[16] schloß für ihn von vornherein ein Nachdenken über institutionelle Gebrechen weitgehend aus. Mißstände gingen seines Erachtens fast ausschließlich von kirchlichen Amtsträgern aus.

Soweit ein solcher Vergleich angesichts des lokal und regional unterschiedlichen Zustandes des katholischen Klerus im 16. Jahrhundert methodisch überhaupt zulässig ist, kann man feststellen, daß Oldecop in der Mitteilung von Einzelfällen sparsamer war

[10] Vgl. Henkel, K., Kurze Geschichte der Diözese Hildesheim und ihrer Einrichtungen, Hildesheim 1917, S. 89.

[11] 261,10. Vgl. Lüntzel, H. A., Die Annahme des evangelischen Glaubens-Bekenntnisses von Seiten der Stadt Hildesheim, Hildesheim 1842, S. 62.

[12] 244,5; 364,28.

[13] Vgl. Teil II, Kap. 5 (c).

[14] Zeeden, E. W., Krise 1.

[15] Allenfalls 3,9 (Kirchenbann in Hildesheim); 427,10; 435,24. — Vgl. Heinrich von Pflummern 227: Kritik an den Finanzpraktiken der Kurie.

[16] Vgl. Teil III, 4. Kap. (e).

als andere altgläubige Autoren. Seine verhältnismäßig allgemein gehaltenen Klagen beziehen sich weniger auf eine Vernachlässigung der Amtspflichten[17] als auf sittliche Verfehlungen des Klerus. Die einseitige Blickrichtung auf — objektiv gewiß vorhandene — Mißstände im sittlichen Bereich spiegelt wiederum die moralisierende Betrachtungsweise des Chronisten.

In die Zustände in Rom hatte er während seines Aufenthaltes in Italien Einblick nehmen können[18]. Mit Lob bedachte er in seinen Aufzeichnungen den katholischen Gottesdienst, der in der Ewigen Stadt in unzähligen Kirchen „mit aller innicheit, geborlichen ceremonien und lofflich" abgehalten werde[19]. Dagegen tadelte er die Prunksucht des römischen Klerus[20]. Kritik an den sittlichen Zuständen klingt an[21].

Die Tatsache, daß er den „Sacco di Roma" von 1527 und eine wenig später eingetretene Überschwemmung des Tiber ohne Zögern als von Gott über die Stadt verhängte Strafe interpretierte, unterstreicht, wie sehr er bei aller Spärlichkeit der Mitteilungen zu diesem Thema davon überzeugt war, das Treiben an der Kurie sei verwerflich[22]. Seine Urteile basierten auf den Eindrücken, welche er von den Zuständen in Rom unter den Renaissancepäpsten zu Anfang des 16. Jahrhunderts gewonnen hatte. Den sich seit Paul III. langsam anbahnenden Wandel schien er kaum bemerkt zu haben.

Die Päpste selbst klammerte er von seiner Kritik weitgehend aus. Er nahm nur leichten Anstoß daran, daß sie sich vorwiegend als weltliche Herrn betätigten[23]. Obwohl er bemüht war, auf die

[17] 3,30: Tadelt nicht, daß Bischof Bartold II. (1481—1502) seine Residenzpflicht nicht eingehalten habe.

[18] Das Bild, welches Oldecop von den dortigen Zuständen gewonnen hatte, unterschied sich erheblich von dem, welches der Protestant Sastrow zeichnete (vgl. I, 324—370).

[19] 169,11. Für die folgenden Mitteilungen vgl. dieselbe Stelle.

[20] Siehe auch Heinrich von Pflummern 227.

[21] Vgl. 54,9; 86,15; 122,13 (Berichte über Mordanschläge auf Päpste).

[22] „... und leit sik ansein gelik einer straffe von godde, over de stat und inwonere to Rome gesant" (169,11). Der Eßlinger Chronist Dionysius Dreytwein (vgl. II. Teil, 1. Kap., Anm. 11) verglich Rom mit Sodoma und Gomorrha (174).

[23] Vgl. 122,29 (Clemens VII.): „brassede gern mede und heilt einen groten hoff und vele ruters und soldaten umme sik". Gleich den Bischöfen von Hildesheim hätten auch die Päpste Kriege im allgemeinen unfreiwillig geführt (19,14; 57,23). Vgl. in diesem Zusammenhang Reformatio Sigismundi 44: „si [die Bischöfe] furent weltlichen gewalt und wissent, das es wider got ist."

Renaissancepäpste ein mildes Licht fallen zu lassen[24], schimmern aus seinen Nachrichten manche ihrer Verfehlungen hindurch[25].

Die Hildesheimer Bischöfe seines Zeitalters beurteilte er im allgemeinen positiv[26]. Dagegen klagte er über Mißstände beim Domkapitel und beim übrigen Klerus[27]. Sein grundsätzlich berechtigter Tadel am Domkapitel mochte durch den von ihm zeit seines Lebens nicht verwundenen Groll darüber, daß dieses 1523 Bischof Johann IV. vertrieben habe[28], und durch eine gewisse Rivalität des bürgerlichen Stiftsherrn mit den zumeist adligen Domherren noch verstärkt worden sein.

Die Schuld an den Mißständen gab er nicht den einzelnen Geistlichen. Er sah vielmehr in der allgemeinen Verschlechterung der Welt die tiefere Ursache. Nicht zufällig sprach er von Mißständen beim Volk und Gebrechen beim Klerus in einem Atemzug[29].

Im Chor der Stimmen, welche die Gebrechen der Kirche des ausgehenden Mittelalters in immer schärferem Ton tadelten, wirkt diejenige des Hildesheimer Dechanten gedämpft. Dennoch be-

[24] 19,7 (Julius II.); 20,11 (Leo X.): „from und gudich here".

[25] 20,11 (Bestechlichkeit Leos X.); 122,6 (Leo X. habe Tiara versetzt).

[26] *Johann IV. v. Lauenburg* (1503—1527): 263,26; 264,29: „ein from, erlich furste und gut krigesman"; 391,26. *Valentin v. Tetleben* (1537—1551): 113,18: ein heilich und gelarter her und doctor"; 308,18. *Burchard v. Oberg* (1557—1573): 419,6; 494,36: „is ein eggestein der catholischen religion und wert darbi leven und starven"; 675,1. Siehe auch 16,13; 164,9. Vgl. dagegen die negativen Urteile über den lutherisch gesinnten Bischof *Friedrich von Holstein* (1551—56): 265,8 („de brachte umme sik sin levent mit eten, drinken und untucht"); 309,1 u. a.

[27] Domkapitel: z. B. 4,21; 112,2; 113,29; 308,27: „de geistlichen, vorut dat domcapitel heft godde vortornt"; 358,37 (Oldecop konstatiert vor allem Ungehorsam, Habgier und unsauberen Lebenswandel). Klerus allgemein: 4,26; 8,7; 110,12; 171,12; 229,36; 381,13; 459,10; 474,29 (hauptsächlich Klagen über Müßiggang und Unzucht). Vgl. Heinrich von Pflummern 227. Über die Zustände am Heiligkreuzstift bekommt der Leser kein Bild (vgl. darüber Bertram II, 249). In dem wahrscheinlich von dem Kölner Nuntius Attilio Amalteo angeregten Bericht eines unbekannten Verfassers aus dem Jahre 1607 heißt es über den Zustand des Hildesheimer Klerus: „Inter morum defectus maximo scandalo est concubinatus... In cathedrali vero praeter unum vel alterum canonicum esse non opinior, qui de eo sit suspectus. In caeteris vero collegiis (ut et vicarii in cathedrali) et aliis ecclesiis plerique tum canonici tum vicarii concubinas alunt." (abgedr. bei Sauerland, H. V., Katholizismus und Protestantismus in den norddeutschen Diözesen Magdeburg, Halberstadt, Hildesheim, Paderborn, Minden, Osnabrück, Lübeck und Münster im Jahre 1607. Aus den Akten des päpstl. Staatssekretariats, in: Römische Quartalschrift f. christl. Altertumskunde u. f. Kirchengeschichte 14 [1900], S. 384—392, vgl. 386f.).

[28] Vgl. 113,30; 128,31. Siehe dazu Bertram II, 33f.

[29] 110,12: „... de hoffart der stichtz mans und bose levent der geistlichen..." Vgl. 8,4.

rührten ihn Mißstände beim Klerus zuinnerst: sie gaben ihm die schmerzliche Gewißheit, Gott werde die sichtbare Kirche bestrafen[30].

Daß seine Kritik verhältnismäßig milde ausfiel, scheint in einer bewußten Reaktion auf die Reformation begründet gewesen zu sein. Aus Selbsterhaltungstrieb gegenüber den Angriffen der Neugläubigen vermerkte er Mißstände im Bereich der katholischen Kirche mit Zurückhaltung.

Seine Ansicht, daß diese durch die Reformation eher gesteigert als gehemmt würden[31], ist nicht als vordergründiges apologetisches Bemühen aufzufassen, sondern entsprach seinem Weltbild: die Reformation interpretierte er nicht nur als Ergebnis, sondern zugleich als Ausgangspunkt weiterer Verschlechterung der Zustände in der Welt und somit auch der sichtbaren Kirche.

[30] Für den Hildesheimer Dechanten dürfte kaum die Feststellung von Lortz zutreffen, daß im ausgehenden Mittelalter sogar das Klagen über die Mißstände zu etwas Gewohnheitsmäßigem und also Unfruchtbarem geworden sei. (Lortz, J., Zur Problematik der kirchlichen Mißstände im Spätmittelalter, in: Trierer Theol. Zs. 58 [1949], S. 14).

[31] Vgl. 579,20.

2. Kapitel

Die Möglichkeiten einer Restitution des katholischen Glaubens

a) Die Beurteilung militärischer Schritte gegen Andersgläubige

In seinen ausführlichen Berichten über die Religionskriege in Frankreich und den Niederlanden[1] frohlockte Oldecop niemals über militärische Erfolge der katholischen Partei. Obwohl er die neuen Lehren als Ketzereien ansah, forderte er nicht zu ihrer gewaltsamen Vernichtung, sondern nur zur Gegenwehr gegen ihre weitere Ausbreitung auf[2]. Er war bemüht, militärische Maßnahmen der katholischen Seite als Reaktionen auf Gewaltakte des konfessionellen Gegners zu deuten: zum Beispiel rechtfertigte er das blutige Vorgehen des Herzogs von Alba in den Niederlanden mit dem Hinweis auf vorausgegangene, angeblich noch maßlosere Grausamkeiten der Geusen[3].

Seine Skepsis bezüglich der Überwindung der Glaubensspaltung mit militärischer Gewalt rührte nicht von machtpolitischem Kalkül her, das einen Sieg der katholischen Partei fraglich erscheinen ließ.

[1] 496ff., 509f., 526f. u. a. Ab 600 passim.

[2] Vgl. 176,5.

[3] 669ff. Siehe auch 653.

Sie erklärt sich vielmehr aus seinem Abscheu vor allem Blutvergießen — den konfessionellen Gegner nicht ausgenommen[4]. Bei aller Härte im theologischen Bereich vergaß der Chronist doch niemals, daß auch die Anhänger der reformatorischen Lehren Menschen waren. Gelegentlich empfand er sogar Mitleid mit ihrem Schicksal[5].

Darüber hinaus mag er aus seiner geschichtstheologischen Betrachtungsweise der Reformation die Gewißheit abgeleitet haben, daß militärische Aktionen letztlich nicht zu einer Aufhebung der Glaubensspaltung führen könnten[6].

b) Rekatholisierungen und freiwillige Rückkehr zum alten Glauben

Über Rekatholisierungen, die unter äußerem Druck vorgenommen wurden, bekundete der Chronist niemals Freude. Bei der Instabilität der machtpolitischen Konstellationen hatte er allzuoft erlebt, wie die Konfessionszugehörigkeit der Menschen in dieser oder jener Richtung verändert worden war. Die Rückschläge nach den der katholischen Sache günstigen Ereignissen der Jahre 1547/48 standen ihm bei Abfassung seines Werkes noch deutlich vor Augen[7].

Hinzukam eine grundsätzliche Abneigung gegen religionspolitische Maßnahmen weltlicher Obrigkeiten — ausgenommen den Kaiser, der weltliche und geistliche Autorität zugleich war[8]. Oldecop wertete solche Schritte als Kompetenzüberschreitungen, durch die das ausgewogene Verhältnis zwischen geistlicher und weltlicher Sphäre gestört würde, wie es angeblich noch in seiner Jugend bestanden hatte[9]. Angesichts der massiven Übergriffe auch altgläubiger Obrigkeiten seines Zeitalters in den Eigenbereich der katholischen Kirche war er mißtrauisch gegenüber Rekatholisierungsversuchen, die von weltlicher Seite ausgingen: nur allzuleicht mochte damit eine materielle Schädigung der katholischen Kirche verbunden sein[10].

Weitaus positiver als Rekatholisierungen unter Zwang beurteilte er eine freiwillige Rückkehr zum alten Glauben[11]. Daran erkannte er, daß auch andere Menschen die für ihn unerschütterliche Ein-

[4] Vgl. 646,5.
[5] 653,22; 658,9.
[6] Voraussetzung dafür war eine innere Umkehr der Menschen, insbesondere des katholischen Klerus. Vgl. Teil IV, Kap. 2 (b).
[7] Vgl. z. B. 263, 33; 315,15.
[8] Vgl. Teil III, Kap. 4 (d).
[9] 2,14. Siehe Teil I, Kap. 5.
[10] Vgl. unten Abschnitt c (am Ende).
[11] Vgl. z. B. 256,31; 365,16.

sicht von der inneren Überlegenheit der katholischen Glaubenslehre über die der „Sekten" gewonnen hatten. Häufte sich die Umkehr zur alten Kirche, so konnte dies ein Indiz dafür sein, daß Gottes Zorn über den katholischen Klerus nachließ[12].

c) Die Beurteilung von Ansätzen einer inneren Erneuerung der katholischen Kirche

Oldecop sah die katholische Kirche seines Zeitalters noch nicht auf breiter Front im Gegenstoß gegen die Reformation, sondern stand ganz unter dem Eindruck der Erfolge der neuen Lehren, insbesondere der verschiedenen Spielarten des an Boden gewinnenden Calvinismus[13].

In den von ernstem Wollen getragenen Reformbemühungen der Bischöfe Valentin von Tetleben (1537—1551) und Burchard von Oberg (1557—1573), denen es freilich an Durchschlagskraft fehlte, sah er noch keine entscheidende Wende für das Schicksal des Hochstifts Hildesheim[14]. Diese bahnte sich erst unter Bischof Ernst von Bayern (1573—1612) an[15].

Von der häufig im stillen einsetzenden inneren Erneuerung der katholischen Kirche wußte er nur wenig. Über den Verlauf des Trienter Konzils war er unzureichend informiert[16]. Der Inhalt der dort erarbeiteten Dekrete scheint ihm lediglich in Bruchstücken bekannt gewesen zu sein[17] — auch nachdem Kaiser Maximilian II. diese 1566 für das Reich publiziert hatte[18]. Auswirkungen des Tridentinums im Bereich der Hildesheimer Diözese dürfte er kaum noch zu spüren bekommen haben[19]. Von einer bewußten Rezeption des Tridentinums durch Oldecop kann jedenfalls nicht die Rede sein[20].

[12] Vgl. Teil IV, Kap. 2 (b).

[13] 530,1 (1563): „Summa dudesche lant, Polen, Schlesy und Prußen sint alle mit der zwingelschen und calvinischen soppen begoten ..."; 236,2; 437,9.

[14] 419,19 (Widerstand des Domkapitels); 446,17; 507,30; 515,2; 615,13. Vgl. Bertram II, 68ff., 245ff., 335, Engfer, H. Das Tridentinum und das Bistum Hildesheim, in: Unsere Diözese in Vergangenheit und Gegenwart, Hildesheim 1959, 2. Heft, S. 60ff.

[15] Vgl. Bertram II, 334ff. Engfer 67ff.

[16] Siehe 248,25: „wart to Trent herlichen angefangen"; 260,22; 286,14; 317,4; 475,35; 500,9; 501,14; 545,19: „Und, gott loff und dank, is dat concilium eindrechtich besloten ..."

[17] 253,10; 334,3.

[18] Vgl. Schreiber, G. (Hrsg.), Das Weltkonzil von Trient, Bd. II, Freiburg 1951, S. 267.

[19] In dem oben in Anm. 18 genannten Werk wird die Diözese Hildesheim nicht gesondert behandelt. Diese Lücke versucht H. Engfer mit seiner bereits zitierten Arbeit auszufüllen (vgl. oben Anm. 14).

[20] Wenn man bedenkt, daß Oldecop bildungsmäßig über dem Durchschnitt des

Ebensowenig hatte er die volle Bedeutung der Gesellschaft Jesu erkannt, obwohl diese zu Lebzeiten des Hildesheimer Dechanten in Deutschland bereits eine rege Tätigkeit entfaltet hatte[21]. Daß er die Entstehung dieses Ordens in Beziehung brachte zu den kirchlichen Mißständen und zu den neuen Lehren[22], zeigt zum einen, wie wenig er das Glaubenserlebnis des Ignatius von Loyola ahnte, zum anderen, wie sehr er unter dem Einfluß der Reformation stand: die katholische Kirche entfaltete nicht spontan neues Leben, sondern durch Anstoß von außen.

Der Chronist reflektierte in weitgehender Unkenntnis der bereits bestehenden mannigfaltigen Reformansätze über die Notwendigkeit einer „Reformation" im kirchlichen Bereich[23]. Er meinte damit nicht Reformen im Sinne von Neuerungen, sondern eine Reinigung der Kirche von den durch menschliche Unzulänglichkeit hervorgerufenen Mißständen[24]. Die im Bereich des Institutionellen noch weitgehend erhaltene „Ordnung"[25] mußte seines Erachtens auch bei den kirchlichen Amtsträgern wiederhergestellt werden. Unermüdlich rief er den katholischen Klerus zur Besserung auf[26]. Unterblieb diese, so drohte der Kirche weiteres göttliches Strafgericht[27].

Oldecop betrachtete das Problem der Kirchenreform vorwiegend aus erhöhter geschichtstheologischer Warte. Dies verhinderte weit-

katholischen Klerus jener Zeit stand, wird man — bei aller Berücksichtigung regionaler Unterschiede — den Schluß ziehen können, daß die Rezeption beim übrigen Klerus eher noch langsamer erfolgte.

21 In Hildesheim faßten die Jesuiten erst 1587 Fuß (1595 Eröffnung der Schule). Vgl. Duhr, B., Geschichte der Jesuiten in den Ländern deutscher Zunge, Bd. I, Freiburg 1907, S. 114. — Über die bei Abfassung der Chronik definitiv besetzten Stützpunkte der Jesuiten in Deutschland vgl. Lortz, Reformation II, 153.

22 443,31 (Orden angeblich 1558 von Papst Paul IV. gestiftet).

23 112,6 („Und wen de [Domherrn] eine rechtschapen catholischen reformation wedder annemen und worden prestere, ..."); 121,11; 382,28. Daß der Terminus „Reformation" auch sonst von katholischer Seite vindiziert wurde, zeigt u. a. das bei Zeeden, Entstehung, 127 angeführte Beispiel (Markgraf Philipp II. von Baden-Baden).

24 Vgl. Teil III, Kap. 1 (c).

25 Vgl. Teil III, Kap. 1 (c).

26 Siehe z. B. 459,1 („... dat sik de canonici bi den hogen und nedderen stifte, de geistlich scholden billich genomet werden, ein ander levent und regiment vorhere an sik nemen und den hoffart und unlitlige unardunge und over de mate durbare kledinge afstellen"); 308,27.

27 474,29: „Und so mine vorwanten hern und confratres sik nicht balde bekeren und von dem bosen untuchtigen levende laten, dar se de gantzen stat mede vorargeren, so wart se got sampt den lutherschen heimesoken und vordarven laten und wart one eine ungewontlige und sware obericheit hir und dort over se vorgunnen dicens: Mittam servum meum Nabochodonosor."

gehend ein Nachdenken über konkrete Reformmaßnahmen. Daß er seine Hoffnungen vor allem auf eine freiwillige Besserung der Geistlichen setzte, stand nicht nur in Einklang mit dieser geschichtstheologischen Betrachtungsweise, sondern mag zugleich auf der Einsicht in die begrenzten Erfolgsaussichten einer erzwungenen Reform und die damit verbundenen Gefahren beruht haben. Die kirchliche Jurisdiktion, der er grundsätzlich die Zügelung des ungehorsamen Klerus zuwies, dürfte sich in der Praxis nicht selten als weitgehend wirkungslos erwiesen haben. Nicht der Gesichtspunkt größtmöglicher Effektivität, sondern das Mißtrauen gegenüber den landhungrigen und geldgierigen Territorialherrn und Städten leitete ihn bei seinen Überlegungen über Maßnahmen weltlicher Obrigkeiten[28]. Auf den Kaiser setzte er in dieser Angelegenheit keinerlei Erwartungen.

[28] 171,26: „Summa de wertlichen mogen de geistlichen in der und der geliken obertredunge mit gelde nicht straffen, sunder se vorwisen und dorch oren ordinarium, de geistlichen obericheit, straffen laten, im vall dem ordinario brachium seculare to hulpe lenen." Der Chronist billigt weltlichen Obrigkeiten also nur für den Fall, daß sie von den kirchlichen Jurisdiktionsorganen dazu angerufen würden, eine subsidiäre Strafbefugnis zu.

3. Kapitel

Der Kampf des Hildesheimer Dechanten für die alte Kirche

a) Die Motive für sein Festhalten am katholischen Glauben

Der Kampf Oldecops, Heinrichs von Pflummern und anderer katholischer Geistlicher des 16. Jahrhunderts für die alte Kirche läßt sich nicht allein aus materiellen Motiven erklären. Zwar sollte man die Tatsache nicht unterschätzen, daß die katholische Kirche ihnen Lebensunterhalt[1] und einen gewissen gesellschaftlichen Status sicherte[2]. Es kommen jedoch weitere Beweggründe hinzu, mit denen die obengenannten keineswegs verbrämt werden sollen. Sie können an dieser Stelle lediglich angedeutet werden. Im Zusammenhang mit der Analyse der Vorstellung des Chronisten von der Kirche sollen sie im folgenden Kapitel weiter ausgeführt werden.

[1] Siehe auch Heinrich von Pflummern 181 und L. Widmann 192 (1542): „Es was ein seltzams evangeli gewagssen, durch welchs den leuten (sonder den pfaffen) das ir teglich genomen ward und von dem iren vertrib." — Über die Höhe seiner Einkünfte machte Oldecop keine Angaben.

[2] Vgl. Teil III, 1. Kap. (b).

Oldecop war davon überzeugt, nur die katholische Kirche könne die Menschen zu ewigem Seelenheil führen. Hinzutrat ein tief eingewurzelter und bewußter Traditionalismus. Der Chronist hielt an der alten Kirche fest, weil ihr anderthalbtausendjähriges Bestehen davon zeugte, daß sie sich trotz zahlreicher Anfeindungen in Vergangenheit und Gegenwart[3] letzlich Gottes Wohlgefallen erfreue. Auch brachte er sie in Beziehung zu der Ordnung, die bis in seine Jugend hinein bestanden habe. Solange man noch an die eine Kirche geglaubt habe, sei die Welt im Gleichgewicht gewesen; als man sich von ihr abgekehrt habe, seien Unordnung und Ungehorsam über die Welt gekommen. Nur dann, wenn die Menschen sich wieder der katholischen Kirche zuwandten, würde die alte Ordnung wiederkehren.

b) Die Art seiner Argumentation

Einsatz für die eigene Kirche war für den Chronisten weitgehend identisch mit Kampf gegen die Reformation. Im zweiten Teil der Untersuchung wurde bereits dargelegt, auf welchen Ebenen er sich mit den neuen Lehren auseinandersetzte. Über die dort gemachten Ausführungen hinaus erscheinen an dieser Stelle einige ergänzende Bemerkungen zur Art seiner theologischen Argumentation angebracht, die hinter den Verunglimpfungen des konfessionellen Gegners und der geschichtstheologischen Deutung der Glaubensspaltung zurücktrat.

Oldecop stellte in starrer Manier die in seinen Augen katholische Lehrauffassung den Ansichten der anderen Partei entgegen. Auf längeres Disputieren mit Andersgläubigen ließ er sich nicht ein. Er zeigte nicht die gleiche Gewandtheit im theologischen Disput wie andere katholische Kontroverstheologen der Zeit[4]. In Glaubensgesprächen mit den angeblich vom Teufel inspirierten Verfechtern der neuen Lehre mag er eine Gefahr für sein Seelenheil erblickt haben[5].

Kaum einmal gab er eine tiefere Begründung der katholischen Lehrmeinungen. Er nahm möglichen Einwänden des Gegners nicht von vornherein die Spitze und versuchte nicht, dessen Glaubwür-

[3] Siehe darüber Teil III, 1. Kap. (a, b).

[4] Seltenes Beispiel für gewandte Argumentation: 378,3. — Vgl. z. B. auch Hoffmeister, J., Warhafftige endeckung unnd widerlegung deren artickel, die M. Luther auf das concilium zu schicken und darauff beharren furgenommen, o. O. u. J., in CC, Bd. 18, 116—187, Münster 1932, außerdem Cochläus, J., Ein noetig christlich bedencken auff des Luthers artickeln, die man gemeynem concilio furtragen sol, Leipzig 1538, in: CC, Bd. 18, 1—64, Münster 1932 (besonders 3, 18, 30f.).

[5] Vgl. Teil II, 1., 2., 5. Kap. Siehe auch Teil IV, 2. Kap. (a).

digkeit durch den Hinweis auf angebliche Widersprüche zu unterhöhlen[6]. Nur selten versuchte er den Gegner mit dessen eigenen Waffen zu schlagen[7].

c) Oldecops Verständnis der Inhalte des katholischen Glaubens

aa) Vorbemerkung

Das Hauptanliegen des Hildesheimer Chronisten bestand darin, späteren Generationen zu zeigen, wie die Welt sich seit dem Auftreten Martin Luthers verschlechtert habe. Sein Interesse galt mehr den Zuständen in der Welt als theologischen Problemen. Er wollte in seinen Aufzeichnungen keine Zusammenfassung der katholischen Glaubenslehre bieten. Zu einer umfassenden Darlegung der Inhalte des alten Glaubens, wie sie zum Beispiel der gelehrte Fürstbischof Berthold von Chiemsee wagte[8], hätten ihm außerdem die fundierte theologische Bildung und die Formulierungsgabe gefehlt.

Aufgrund der verstreuten Anhaltspunkte in der Chronik läßt sich jedoch herausarbeiten, worin für Oldecop die wesentlichen Inhalte der katholischen Lehre bestanden. Eine solche Untersuchung erscheint um so reizvoller, als die Fixierung des katholischen Glaubensgutes durch das Tridentinum noch kaum in sein Bewußtsein gedrungen war. Er schrieb sein Werk zu einer Zeit nieder, in der verschwommene Vorstellungen über Lehrinhalte nicht gerade selten waren[9].

bb) Glaubensautoritäten

Die Heilige Schrift, die Werke der Kirchenväter, die Glaubenssätze der Kirche und die Schriften der katholischen Kontroverstheologen seines Zeitalters galten Oldecop als nahezu gleichberechtigte Autoritäten[10].

Aus der Heiligen Schrift führte er zahlreiche Stellen aus den Psalmen, den vier Evangelien und den Briefen des Apostels Paulus

[6] Z. B. Cochläus, in: CC 18, S. 31.

[7] Vgl. z. B. Oldecops Randbemerkung (Euling, Zur Charakteristik 157): „Luther brynge schrifft her, alias non credimus tibi.“ Siehe auch Chronik 176,3.

[8] Vgl. dessen bereits an anderer Stelle zitierte „Tewtsche Theologey“ (siehe Teil II, 5. Kap., Anm. 4). Auch Heinrich von Pflummern versuchte eine systematische Darstellung der katholischen Glaubensinhalte.

[9] Vgl. Zeeden, Entstehung 72ff.

[10] 530,36 („... mit dem hilligen evangelio und der veder lere, alse de von den hilligen apostolen, martileren und ore catholischen nafolgeren entfangen und geleret, ...“). Die Auslegungen und Beschlüsse der Konzilien nannte Oldecop nicht ausdrücklich (Siehe aber Heinrich von Pflummern 192 u. a.). Vgl. auch das folgende Kapitel (Abschnitt c).

an[11]. Das Fundament seines Weltbildes hatte freilich das apokryphe vierte Buch Esra geliefert[12]. Bei der verhältnismäßig häufigen Berufung auf die Schrift, insbesondere auf die Briefe des Heiligen Paulus, mögen — wenn auch für den Chronisten unbewußt — die Studienjahre bei seinem Lehrer Martin Luther bis zu einem gewissen Grad nachgewirkt haben.

Dem in seiner Sicht subjektivistischen Schriftverständnis der verschiedenen Reformatoren[13] stellte Oldecop die einheitliche und verbindliche Schriftauslegung durch die katholische Kirche entgegen[14].

Den Kirchenvätern erkannte er aufgrund ihrer Erleuchtung durch den Heiligen Geist und wegen des hohen Alters ihrer Schriften uneingeschränkte Glaubwürdigkeit zu. Sie dienten ihm als Hilfe zum Verständnis der Heiligen Schrift und als Beweiszeugen in der Auseinandersetzung mit den Anhängern der neuen Lehren[15]. Die Kirchenväter in der polemischen Diskussion preiszugeben — wie dies der eine oder andere katholische Kontroverstheologe tat[16] —, wäre dem Hildesheimer Dechanten als Verrat an der katholischen Sache erschienen. Das protestantische Schriftprinzip war für ihn nicht „Gegenstand einer methodologischen, sondern einer dogmatischen Fragestellung“[17].

Da er die Kirche vom Heiligen Geist erfüllt wußte, war er von der Richtigkeit ihrer Satzungen überzeugt[18]. Im Gegensatz zu dem Mainzer Weihbischof Michael Helding relativierte er sie nicht in ihrer Bedeutung für das Seelenheil[19].

[11] Einige Beispiele aus zahllosen: 20,23; 37,29; 171,32; 9,34; 235,18; 386,17; 487,25; 649,38.

[12] Siehe Teil I, 5. Kap.

[13] Vgl. Teil II, 3. Kap. (b).

[14] Vgl. 253,31. Heinrich von Pflummern 235: „Aber die hailligen concilien, ouch haillig lerer, bringent die hailligen kschrift dar mit rechtem ewangelischen Cristelichem verstand.“ — Siehe auch Berthold von Chiemsee 101. L. Widmann warnte vor einem allzu tiefen Eindringen des einzelnen in die Schrift (206: „das man sich nit zu vast vertieffen soll in der schrifft, wie man sich mit dem wein überfült, also geschicht auch einem in der schrifft“).

[15] 235,19; 250,18; 387,17; 438,24.

[16] Kaspar Schatzgeyer z. B. kämpfte nach den Regeln des Gegners und beschränkte sich bei der Angabe von Beweisstellen auf die Hl. Schrift (Lortz, Reformation II, 163, LThK², IX, Sp. 371f.). An den Kirchenvätern hielten z. B. aber Cochläus (vgl. CC 18, S. 13, 30 u. a.) und Witzel (vgl. „Antwort auff Martin Luthers letzt bekennete artickel, unsere gantze religion und das concili belangend“, Leipzig 1538, in: CC 18, 64—115, vgl. z. B. S. 70f.) fest.

[17] Polman, P., Die polemische Methode der ersten Gegner der Reformation, in KLK 4, Münster 1931, S. 37.

[18] 386,18.

[19] Vgl. Helding, Catechismus CXIII' („Sie seind nit für sich selbst nötig zur

Es überrascht zunächst, daß er die Werke der zeitgenössischen katholischen Kontroverstheologen, von denen er gleich Heinrich von Pflummern eine stattliche Anzahl besessen haben mochte[20], für ebenso gewichtig hielt wie die der Kirchenväter[21]. Man mag darin ein vordergründiges Bemühen sehen, die Beweiskraft der Kontroverstheologen in der polemischen Diskussion der Zeit zu erhöhen. Diese Erklärung reicht jedoch nicht aus. Man muß vielmehr bedenken, daß Oldecop die Anfeindungen der katholischen Kirche seiner Gegenwart durch die neuen Lehren mit der Bedrängung durch die Irrlehren in der Frühzeit der Kirchengeschichte verglich[22]. Es lag dann auch nahe, die jeweiligen Glaubensstreiter in Parallele zu setzen. Zugleich mag aus der Rangerhöhung der Kontroverstheologen eine gewisse Sehnsucht des Chronisten nach Instanzen sprechen, die eine verbindliche Lehrfestlegung durchführten. Wie bereits dargelegt wurde, waren ihm die Trienter Dekrete noch weitgehend unbekannt.

cc) Rechtfertigungslehre, Ablaß

Wie an anderer Stelle ausgeführt wurde[23], betonte der Hildesheimer Chronist die Bedeutung der guten Werke für das Seelenheil. Ihre Wirksamkeit beurteilte er primär nach ihrer Quantität: durch Verrichten zahlreicher frommer Werke konnten die Menschen geradezu eine Anwartschaft auf einen günstigen Platz im Jenseits erwerben.

Daneben hatten die Werke für ihn wie auch für Heinrich von Pflummern eine erhebliche praktische Bedeutung für die Zustände im Diesseits: sie trugen dazu bei, die „Ordnung" in der Welt zu erhalten[24]. Bei der Verteidigung der Opera vermischten die Autoren ganz unbefangen religiös-transzendentale und „säkulare" Gesichtspunkte. Man wird in dieser auch bei anderer Gelegenheit immer wieder zu beobachtenden Verquickung einen Grundzug der Denkweisen jener Zeit sehen können.

seligkeit/sie seind aber sehr dienstlich zu den dingen/die zur seligkeit von nöten sein"), CXIIII. Für Berthold von Chiemsee waren Kirchensatzungen „gottes mündlich wort" (121).

[20] Heinrich von Pflummern 160, 219 (besaß mehr als 150 „biechlin und biecher" wider die neuen Lehren).

[21] Vgl. Oldecop 142,7 (Fontaine und Cochläus), 191,35 (F. Staphylus [1552 konvertiert, vgl. LThK², IX, Sp. 1019]), 254,1 (Witzel), 412,16 (Johann Gropper). Siehe Euling, Zur Charakteristik 154.

[22] Siehe II. Teil, Kap. 5 (a).

[23] Siehe I. Teil, Kap. 4 (b).

[24] Siehe II. Teil, 4. Kap. (b). Vgl. Helding, Catechismus CLVII' („Gottselige werck ligen veracht / alle Christliche zucht höret auff").

Die guten Werke bildeten für Oldecop das wichtigste Unterscheidungsmerkmal des katholischen Glaubens von den neuen Lehren. Im Unterschied zu Berthold von Chiemsee stellte er eigene Überlegungen über den tieferen theologischen Sinn der Werke nicht an[25]. Auch betonte er niemals, daß diese ohne Glauben und Gnade unwirksam seien[26]. In dieser aus der Chronik ersichtlichen Einseitigkeit, die freilich im Bereich der praktischen Frömmigkeit abgemildert wurde, verkörperte er eine Haltung, die man — falls ein solches Urteil nicht zu sehr verallgemeinern würde — als „spätmittelalterlich" bezeichnen könnte: nämlich genau die Einstellung, gegen die Luther sich auflehnte.

Vergleicht man die Auffassung des Hildesheimer Chronisten von der Rechtfertigung mit der anderer — ebenfalls vortridentinischer — katholischer Theologen, die in dieser Frage eine durchaus ausgewogene Haltung einnahmen[27], so wird deutlich, daß er theologisch keineswegs auf der Höhe seiner Zeit stand.

Daß er Auswüchse der damaligen Ablaßpraxis, deren er sich durchaus bewußt war, nur vorsichtig tadelte[28], mag in einer Reaktion auf die zahllosen Angriffe der Reformatoren gegen das Lehrgebäude der katholischen Kirche begründet gewesen sein.

Wenn er vom Erlaß der Sündenstrafe und Sündenschuld in einem Atemzug sprach, war dies theologisch insofern korrekt, als er für den Erwerb von Ablaß ausdrücklich Reue und Beichte voraussetzte[29].

[25] Berthold von Chiemsee meinte z. B., der Mensch als „das genoetigist werch gottes" sei es schuldig, „mer dann ander geschoepf guoete werch zethuon" (155).

[26] Vgl. z. B. Cochläus (in CC 18, S. 53), Berthold von Chiemsee (537), Lortz, Reformation II, 177. Siehe auch Zeeden, Entstehung 146.

[27] Vgl. Berthold v. Chiemsee 21, 28, 35, 537 u. a. Berthold v. Chiemsee beurteilte den Wert der guten Werke nicht nach ihrer Quantität, sondern nach der inneren Einstellung dessen, der sie leistete. Entscheidend sei die Liebe, die aus den Werken sichtbar werde (359, 551, 608).

[28] 48,25. Siehe auch 15,29. Kritik an der Ablaßpraxis jener Zeit klingt auch bei D. Westhoff an (402). Offener Tadel wird bei Heinrich von Pflummern sichtbar (227). In der Systematik Bertholds v. Chiemsee rangiert bezeichnenderweise der Glaube an erster, der Ablaß an letzter Stelle. Einen anschaulichen Eindruck von den Auswüchsen des Ablaßwesens im ausgehenden Mittelalter vermittelt der „Hortulus animae" (vgl. Hortulus anime Tütsch, Fol. XXXVIII, XL, XLI u. a.).

[29] 48,17: „Und geschach dorch doctor Johan Tetzel ein sermon, und vorkundigede, wurumme de pawest dat aflat utgesant hedde, und settede bichtveders und gaff de macht, de to dem gemelten buwe [d. h. dem Neubau der Peterskirche] gelt in de kisten geven und ore sunden gebichtet, to absolverende von allen oren sunden und von pine und schult." Dasselbe gilt für Cl. Sender (115: „ . . . ablaß geben für schuld und pein, die da reuen und peichten") und

dd) Sakramentenlehre

Im Unterschied zu manchen „katholischen“ Geistlichen seines Zeitalters war Oldecop über die Siebenzahl der Sakramente nicht im unklaren[30]. Man würde allerdings zu hohe Anforderungen an die Aussagekraft der Quelle und an das theologische Wissen ihres Autors stellen, wollte man eine Definition des Wesensgehaltes der Sakramente erwarten, wie sie zum Beispiel Berthold von Chiemsee versuchte[31].

Den unterschiedlichen Abendmahlsauffassungen der Reformatoren stellte der Hildesheimer Dechant die einheitliche Ansicht der katholischen Kirche entgegen, deren Wesenskern für ihn die reale Präsenz Christi bildete[32]. Diese ergab sich ihm als Ausfluß der Wahrheit und der Allmacht Gottes[33]. Er betonte darüber hinaus die „Permanenz“ des Sakramentes, d. h. die Tatsache, daß Christus nicht nur im Augenblick der Spendung der Eucharistie, sondern auch vorher und nachher gegenwärtig sei[34].

Fast noch wichtiger als solche Erörterungen über das Wesen des Altarsakraments erschien ihm die sichtbare Form der Spendung der Eucharistie: er bekannte sich eindeutig zur Reichung unter einer Gestalt[35].

Eine Wesensbestimmung des Bußsakraments nahm er nicht vor[36]. Die Beichte würdigte er nicht als Bestandteil dieses Sakraments, sondern in ihrer praktischen Bedeutung für die Zustände in der Welt[37].

Die Taufe, deren Spendung sich der Form nach bei Katholiken und Lutheranern kaum unterschied[38], wurde für ihn unter dem Gesichtspunkt der Wirksamkeit zum konfessionellen Unterscheidungsmerkmal: sie könne allein von katholischen Priestern, nicht

D. Westhoff (344). Heinrich von Pflummern betrachtete darüber hinaus differenzierter die Voraussetzungen beim Ablaßspender (217). Vgl. Lortz, Reformation I, 198.

30 9,26; 635,20. Vgl. Zeeden, Entstehung 75.

31 Vgl. Berthold v. Chiemsee 409.

32 235,25: „De hillige lichenam mit flesche und blode, sele und gotheit, is der gelovigen christen ore warhaftige und wesentliche hillige sacrament, dat se fullenkomen und wesentlich ok mit dem liflichen munde entfangen, nicht to einer figuren, alse de zwinglianer vorgeven, legen und bekennen, eder to einer figuren vel metaphorice, sunder wesentlich.“ Vgl. 175,29.

33 235,30.

34 411,32.

35 226,16; 411,9.

36 Dies versuchte aber Heinrich von Pflummern (220).

37 33,21; 117,15. Vgl. II. Teil, 4. Kap. (b). Siehe auch Heinrich von Pflummern 220, Helding, Catechismus CCIIII', CCV.

38 Zeeden, Entstehung 84.

aber von lutherischen Prädikanten gültig vollzogen werden. Einen Beweis dafür sah er in der von ihm beobachteten Zunahme von Teufelsbesessenheit bei den Neugläubigen[39].

ee) Marien- und Heiligenverehrung, Sakramentalien und Zeremonien

Wie an anderer Stelle ausgeführt wurde[40], scheint Oldecop die Marien- und Heiligenverehrung der katholischen Kirche mehr pflichtgemäß als aus innerem Drang gegen die Angriffe der Reformatoren verteidigt zu haben. Daß er niemals eindeutig die Funktion der Mutter Gottes und der Heiligen umschrieb, dürfte eher auf Zurückhaltung als auf theologischer Unsicherheit beruht haben[41].

Die Tatsache, daß Oldecop und andere zeitgenössische katholische Chronisten in ihrem Bemühen um Abgrenzung des katholischen Glaubens von den reformatorischen Lehren periphere Unterscheidungsmerkmale, wie zum Beispiel Fasten, Prozessionen, Wallfahrten, Feiertage und Glockenläuten[42] im Vergleich zu den entscheidenden Unterschieden im theologischen Bereich über Gebühr betonten, erklärt sich vor allem daraus, daß sie sich in erster Linie am Sichtbaren orientierten. Durch solche äußeren Merkmale konnten die Autoren dem Kirchenvolk die Besonderheiten des katholischen Glaubens leichter demonstrieren als durch abstrakte theologische Argumentation. Außerdem mögen traditionalistische Gründe mitgespielt haben — und dies nicht nur in der Bedeutung von bloßem Gewohntsein, sondern mehr noch im Sinne von vertrauter Anhänglichkeit an altüberliefertes kirchliches Brauchtum.

[39] 524,16 [Lutherische Prädikanten] „laten ... de kleinen kindere, wen se desulven up ore luthersche wise dopen, ungesegent. Darumme sint to dusser tit vele mer beseten minschen in der welt, wen hir beforen". 573,11; 390,3.

[40] Siehe I. Teil, 4. Kap. (c).

[41] Heinrich von Pflummern sah in den Heiligen Fürbitter vor Gott und Vorbilder für guten Lebenswandel (182f., 205, 211). Es liegt hier wiederum ein Beispiel für die Vermischung von religiös-transzendentalem und „säkularem" Denken vor. Im „Hortulus animae" fungieren die Heiligen zumeist als Fürsprecher vor Gott (vgl. z. B. Fol. V, XIIII, XX, XXIII).

[42] Aus der Fülle der Beispiele siehe 15,26; 117,18; 141,6; 151,16 (Evangelium im Stehen hören); 198,12; 487,20; 508,37; 551,33; 633,6. Vgl. Sender 169, 174, 184f. u. a., Heinrich von Pflummern 163f., 169, 180, 229. Über die Funktion der Bilder äußerte sich Oldecop im Unterschied zu Heinrich von Pflummern (205) und Michael Helding (Catechismus LXXIX') nicht. Cochläus (CC 18, S. 56) subsumierte solche peripheren Merkmale unter den Begriff „Menschensatzung".

ff) Zusammenfassung

Oldecops theologische Position war eine eindeutig katholische, was angesichts der damals weitverbreiteten Verschwommenheit im Bereich der Lehre besonders hervorzuheben ist. Dennoch war sein Wissen über das katholische Glaubensgut unzureichend — und dies, obwohl er zu den überdurchschnittlich gebildeten katholischen Geistlichen der Zeit zählte. Dieser Sachverhalt verdeutlicht, wie notwendig eine klare Festlegung der katholischen Glaubenslehre war, wie sie im Tridentinum erfolgte. Zugleich zeigt er, wie dringlich eine Hebung des religiösen Wissens beim Klerus geboten war — natürlich nicht nur dort.

Den reformatorischen Glaubenslehren, um deren tieferes theologisches Verständnis er sich nicht bemühte, stellte der Chronist in starrer Weise die katholischen Lehrinhalte — wie er sie verstand — gegenüber. Dabei betonte er Peripheres über Gebühr.

Daß er sich bei der Darlegung der katholischen Glaubenslehren im wesentlichen auf Kontroverspunkte beschränkte, zeigt, wie sehr er — gleich anderen katholischen Theologen seines Zeitalters — in Abhängigkeit vom konfessionellen Gegner stand[43].

Die Wende von der reinen Defensive zur positiven Theologie[44] ist in seinen Aufzeichnungen allenfalls in Ansätzen zu erkennen. Im Unterschied zu Heinrich von Pflummern unterließ er es im allgemeinen, den eigenen Standpunkt eingehender zu begründen. Stattdessen begnügte er sich weithin mit der bloßen Wiedergabe von Glaubenssätzen.

[43] Vgl. Lortz, J., Wert und Grenzen der katholischen Kontroverstheologie in der ersten Hälfte des 16. Jahrhunderts, in: KLK 27/28, Münster 1968, S. 18.
[44] Lortz, J., Reformation II, 184.

4. Kapitel

Die Vorstellung des Chronisten von der katholischen Kirche

a) Die Herausbildung eines Kirchenbewußtseins in der Auseinandersetzung mit den neuen Lehren

Im Unterschied zu den Chronisten des ausgehenden Mittelalters sprachen Johan Oldecop und Heinrich von Pflummern auffallend häufig von der „heiligen katholischen Kirche“. Dieser ekklesiologische Einschlag ist als bewußte Reaktion der Autoren auf die Reformation zu deuten[1]: der Abwehrkampf gegen die neuen Lehren führte zu einer Besinnung auf das Wesen der alten Kirche.

Anders als Berthold von Chiemsee versuchte der Hildesheimer Dechant keine umfassende Definition von „Kirche“[2], sondern nannte lediglich an verstreuten Stellen seines Werkes einzelne Wesensmerkmale[3]. Diese sollen im folgenden zu einem einigermaßen abgerundeten Bild zusammengestellt werden. Es läßt sich allerdings kaum entscheiden, inwieweit seine Kirchenvorstellung eigenständig und inwieweit sie von den Gedanken zeitgenössischer katholischer Theologen beeinflußt war.

b) Wesensmerkmale der Kirche

Oldecop stellte vor allem die *Einheit* der katholischen Kirche heraus. Angesichts der Bodengewinne der reformatorischen Lehren erkannte er diese Einheit nicht wie Heinrich von Pflummern und Michael Helding bereits an der räumlichen Verbreitung des katholischen Glaubens[4]. Sie offenbarte sich ihm vielmehr erst an einem inneren Kriterium: an der Einheitlichkeit der katholischen *Lehre*[5]. Solche Einheitlichkeit hingegen fehle den „Sekten“[6].

In der Betonung der Einheit des eigenen Glaubens zeigt sich auch bei Oldecop das im Zeitalter der Konfessionsbildung bei allen Parteien zu beobachtende Bemühen, angesichts mancherlei konfessioneller Vermischung und Verwischung den Eindruck der Geschlossenheit zu erwecken[7].

Die katholische Kirche allein vertrat für ihn außerdem die *wahre* Lehre[8]. Nicht dem subjektiven Verständnis des einzelnen, sondern den objektiven Instanzen der Kirche stand die Auslegung der Heiligen Schrift zu. Den Geboten der Kirche räumte er eine ähnliche Autorität wie der Heiligen Schrift oder den Kirchenvätern

[1] Auch die Frömmigkeit der Zeit trug bekanntlich stark ekklesiologische Züge (Zeeden, Entstehung 147). Siehe auch I. Teil, Kap. 4 (c).

[2] Vgl. Berthold v. Chiemsee 47, 209, 628 (besonders kunstvolle Definitionen), Georg Witzel (CC 18, S. 110f., Helding, Catechismus CLXXIIII').

[3] Dasselbe gilt für Heinrich von Pflummern.

[4] Heinrich von Pflummern 191. Helding, Catechismus XXIII', XXIIII, CLXXIIII'.

[5] Vgl. 235,10. Siehe Heinrich v. Pflummern 218: „Ich sag, ain got, ain rechter glob, ain recht Cristelich verstendig ewangelium, ain recht Cristelich cierch, ain Cristelicher toff und des glichen, als uff aim ding.“ Siehe auch Helding XX.

[6] Vgl. II. Teil, 3. Kap. (d).

[7] Zwiespalt in der katholischen Lehre verurteilte Oldecop (vgl. 27,1: „schentlich twidracht“). Beispiele für konfessionelle Verwirrung und Vermischung siehe bei Zeeden, Entstehung 68ff.

[8] 75,31; 205,28; 231,35; 233,37; 431,14; 524,33 („... de warheit der hilligen christligen und catholischen kerken lere und evangelion“).

ein[9]. Nur die katholische Kirche konnte seines Erachtens die Menschen zum Seelenheil führen[10].

Diesen absoluten Anspruch, den auch andere altgläubige Chronisten erhoben, sah Oldecop darin begründet, daß allein in der katholischen Kirche der Heilige Geist walte, wogegen die neuen Lehren vom Satan regiert würden[11]. Der Heilige Geist sei gleichsam „Gubernator" des Schiffes Petri[12]. An anderer Stelle verdeutlichte der Chronist die enge Beziehung zwischen Gott und der Kirche durch das von katholischen Theologen seines Zeitalters vielverwendete Bild von der Kirche als der „Braut Gottes"[13]. Die katholische Kirche hatte an Gottes Wahrheit und Heiligkeit teil: sie war selbst wahr und heilig[14].

In dem hohen Alter, welches sie im Unterschied zu den neuen Lehren bereits in der Welt erreicht hatte, erblickten die Chronisten eine sinnfällige Bestätigung für ihre unerschütterliche Gewißheit, Gott stehe hinter der katholischen Kirche[15]. Sie hielten es für ausgeschlossen, daß Gott diese während ihres vielhundertjährigen Bestehens habe im Irrtum verharren lassen[16].

c) Die innere Struktur der Kirche

Die Institutionen von Papst- und Kaisertum hatten für Oldecop sakralen Charakter. Er betrachtete Papst und Kaiser grundsätzlich als gleichberechtigte, einander zugeordnete oberste Lenker von

[9] Siehe III. Teil, 3. Kap. (c, bb).

[10] Sie allein schätze die guten Werke.

[11] Siehe II. Teil, 5. Kap. (c). Umgekehrt vermuteten protestantische Chronisten hinter der katholischen Kirche den Satan (vgl. z. B. Berckmann 104f. [über das Konzil von Trient]: „Dat mag woll ein duuells = concilium hetenn, nicht uth dem hilligen geiste vorsamlett").

[12] 466,34. Vgl. auch Berthold von Chiemsee 101ff., 644f., Heinrich von Pflummern 147: „die hailig Cristelich cierch, auch hailig Cristelich concilien werdent geregiert durch den hailigen gaist", 161.

[13] 226,16. Vgl. u. a. Hoffmeister, J., in: CC 18, 117, 137. Siehe auch Trid. Sess. XXII, cap. I: „dilectae sponsae suae ecclesiae" (vgl. Canones et Decreta Sacrosancti Oecumenici Concilii Tridentini sub Paulo III., Julio III. et Pio IV. Pontificibus Maximis, Regensburg 1884, S. 109).

[14] Vgl. z. B. 117,31; 165,31; 235,14; 237,7; 393,10 u. a. Bei der Verwendung der Adjektive „wahr" und „heilig" schwang für Oldecop eine lebendige Vorstellung mit, sie waren keineswegs bloße Topoi.

[15] 466,16. Das Alter der katholischen Kirche führten z. B. auch Cochläus und Witzel als wichtiges Argument in der Auseinandersetzung mit dem konfessionellen Gegner an (vgl. CC 18, S. 44 u. 110). Siehe Heinrich von Pflummern 158, 191, 234.

[16] Heinrich von Pflummern 192 („... sag ich, das es ungleplich, ja unmiglich ist, das der hailig gaist die Cristenliche cierchen hete lasen irren so lange zit und in aller Cristenhait, und erst dem Luter und sim anhang den rechten globen hete in geben"), 234.

Christenheit und Kirche[17]. Sie standen für ihn an der Spitze des „Ordo“ und hatten geistliche und weltliche Befugnisse zugleich[18].

Es fällt auf, daß trotz der zahllosen Angriffe der Reformatoren gegen die Institutionen des Papsttums weder der Hildesheimer noch der Biberacher Autor den Primat des Papstes in den Mittelpunkt ihres Verteidigungskampfes für den alten Glauben stellten. Man mag darin das Nachwirken eines gemäßigten Episkopalismus[19] bzw. Konziliarismus[20] bei den Chronisten sehen.

Insbesondere unterließen sie es, das Hirtenamt des Papstes angemessen herauszustellen[21]. Oldecop hob es in seinen Berichten zwar lobend hervor, wenn Päpste sich als geistliche Hirten betätigten[22], nahm andererseits aber höchstens leichten Anstoß daran, wenn sie als weltliche Herrn auftraten[23].

In der Frage der Reform scheint er eher auf eine freiwillige Besserung des Klerus als auf wirksame Maßnahmen von seiten des Papsttums gehofft zu haben[24]. Nachdem seines Wissens den Päpsten nicht einmal eine durchgreifende Änderung der Zustände an der Kurie gelungen war[25], erwartete er von ihnen erst recht nicht, daß sie der Reform im fernen Deutschland würden zum Durchbruch verhelfen können.

Oldecop und Heinrich von Pflummern wiesen dem Kaiser nicht nur die Aufgabe zu, die Institution der Kirche im Rahmen der innerweltlichen Ordnung zu beschirmen und zu lenken, sondern

[17] 118,8; 463,6: „de romeschen kerken und occidentalischen religion, dat ist pawest und keiser, ...“ Ähnliche Auffassung: Berthold v. Chiemsee 661 („Dergestalt sol Christenliche kirch durch papst und kayser, als obrist regierer und gottes stathallter, erhalten und aintraechtig regiert werden“). Für Oldecop waren Papst und Kaiser die beiden Schwerter, mit denen Gott die Christenheit regierte (vgl. Ritter, G., Die Neugestaltung Europas im 16. Jahrhundert, Die kirchlichen und staatlichen Wandlungen im Zeitalter der Reformation und der Glaubenskämpfe, Berlin 1950, S. 13). Der „fromme und barmhertige“ Kaiser Karl V. habe sich allerdings viel zu milde gegenüber den Neugläubigen verhalten (75,11; 190,17; 204,26; 236,20; 270,13).

[18] 378,6. Siehe auch III. Teil, 1. Kap., Anm. 23.

[19] Eine gewisse Neigung zum Episkopalismus mochte vor allem bei Oldecop vorgelegen haben. Für ihn war Kirche als sichtbare hierarchische Institution weitgehend identisch mit dem Hochstift Hildesheim.

[20] Vgl. Heinrich von Pflummern 211: „Cristelich cierch, das ist die gantz versammlung aller glebigen Christen menschen, ...“ Siehe auch 192, 223, 235. Vgl. Helding, Catechismus XVII', CLXXIIII'.

[21] 378,3 (Nachweis für das Alter des „geistlichen und weltlichen Regiments“ des Papstes).

[22] 120,21; 122,2; 127,5 (Hadrian VI.); 382,28 (Marcellus II.).

[23] Vgl. III. Teil, 1. Kap. (c).

[24] Siehe III. Teil, 2. Kap. (c).

[25] 383,15.

räumten ihm auch Schutz- und Leitgewalt im geistlichen Bereich ein[26]. Der Hildesheimer Dechant erkannte ihm das Recht zu, zusammen mit dem Papst ein Konzil einzuberufen[27].

Der Chronist unterließ es, das Verhältnis der einzelnen Ämter der kirchlichen Hierarchie zueinander näher zu umreißen. Ebensowenig enthält sein Werk grundsätzliche Gedanken über die Stellung der Laien in der Kirche[28]. Daß er dieser nicht ausdrücklich die Aufgabe der Verwaltung und Spendung der Sakramente zuwies[29], muß zwar nicht[30], aber könnte doch Fingerzeig dafür sein, daß die Kirche für ihn mehr „die mittelalterliche Rechtsanstalt mit materiellen Machtmitteln und äußerer Zwangsgewalt"[31] als die unsichtbare Gemeinschaft der Glieder des Leibes Christi war[32]. Gleich anderen vortridentinischen Kontroverstheologen vermochte Oldecop nicht, „der lutherischen Ekklesiologie eine katholische entgegenzusetzen, in der das angefochtene Prinzip der sichtbaren, hierarchisch geordneten, im Papsttum gipfelnden Rechtskirche mit ihrem mystisch-sakramentalen Wesen organisch verbunden war"[33].

d) Das Verhältnis von Kirche und weltlicher Obrigkeit

Im Werk des Hildesheimer Dechanten spiegelt sich die Ehrfurcht der Menschen des 16. Jahrhunderts — gleich welcher Konfession — vor den ihrer Überzeugung nach von Gott verordneten weltlichen

[26] Vgl. oben Anm. 17. Siehe Heinrich von Pflummern 224: „Dem kaiser kert zuo, das er die hailige Cristeliche cierchen beschierme und hant habe by irem gewalt und rechten naich lut des ewangeliums mit rechtem verstand, ... der Kaiser haut nicht allain gewalt in zitlichen sachen, sundern haut er ouch gewalt zuo beschiermen die haillige, Cristeliche cierchen in ihren gaistlichen sachen naich ußwisung sins ampts, ... "

[27] 94,7.

[28] Vgl. in diesem Zusammenhang 520,22 (zweifelt nicht daran, daß ein demütiger altgläubiger Laie wirksam Teufelsaustreibungen vornehme, wozu jedoch die lutherischen Prädikanten nicht imstande seien).

[29] Vgl. Berthold von Chiemsee 423. Dieser hatte auch das Bild geprägt, die Kirche solle die zerstreut lebenden Christen „geistlich" in einen „Schafstall" bringen (644).

[30] Diese Aufgabe könnte ihm so selbstverständlich gewesen sein, daß er sie nicht ausdrücklich glaubte erwähnen zu müssen.

[31] Ritter, G., Neugestaltung 14. Vgl. auch Merzbacher, F., Wandlungen des Kirchenbegriffs im Spätmittelalter — Grundzüge der Ekklesiologie des ausgehenden 13., des 14. und 15. Jahrhunderts, in: Zs. f. Rechtsgesch., Kanon. Abt. 70 (1953), S. 288, 325, 350, 354f., 382.

[32] Eine spirituelle Auffassung von der Kirche vertrat Berthold von Chiemsee (628ff.).

[33] Jedin, H., Zur Entwicklung des Kirchenbegriffs im 16. Jahrhundert, in: Kirche des Glaubens, Kirche der Geschichte, Ausgewählte Aufsätze u. Vorträge, Bd. II: Konzil und Kirchenreform, Freiburg/Basel/Wien 1966, S. 13.

Obrigkeiten[34]. In der Übertretung ihrer Gebote sahen sie nicht nur Verstöße gegen weltliches, sondern zugleich gegen göttliches Recht[35]. Um Gott zu versühnen, mußten Missetäter streng bestraft werden[36].

Weltlichen Obrigkeiten war es aufgegeben, bei der Erhaltung einer relativen Ordnung in der Welt mitzuwirken[37]. Freilich erscheinen sie in der Chronik bereits in vorreformatorischer Zeit hin und wieder als ordnungsstörende Kräfte[38]. Obwohl nach Ansicht Oldecops gerade die neuen Lehren und ihre Anhänger die Zerstörung der innerweltlichen Ordnung betrieben, sprach er dennoch Fürsten und Städten, die sich zur Reformation bekannten, niemals grundsätzlich den Rang der Obrigkeit ab[39].

Mit Ausnahme des Kaisers, der für ihn weltliches und geistliches Oberhaupt zugleich war, billigte er weltlichen Obrigkeiten keinerlei Befugnisse in kirchlichen Angelegenheiten zu. Versuche städtischer Obrigkeiten, den katholischen Klerus zu besteuern[40], mißbilligte er nicht nur aus materiellem Eigennutz, sondern zugleich aus grundsätzlichen Gesichtspunkten: in solchen Übergriffen erblickte er eine Störung des einigermaßen ausgewogenen Verhältnisses zwischen geistlicher und weltlicher Sphäre, wie es angeblich vor alters in der Welt bestanden hatte.

e) Die Kirche als Symbol des „Ordo“

Die Einheit der katholischen Kirche verkörperte für Oldecop noch einen Rest altüberkommener innerweltlicher Ordnung, in die er sich zurücksehnte. Die Institution der alten Kirche, deren Amts-

34 22,31; 495,11. Vgl. Berthold von Chiemsee 660, Sastrow I, 180f.

35 G. Widman 10: „dann wer seiner ordentlichen obrigkeit widerstrebt, der widersetzt sich göttlicher ordnung“. Vgl. auch II. Teil, 5. Kap. (c).

36 Oldecop berichtet z. B., 1561 sei ein Goldschmied in Hildesheim wegen Nichteinhaltung eines gegen ihn ausgesprochenen Stadtverweises enthauptet worden. Die Härte der Strafe motivierte der Chronist ausdrücklich mit dem Verstoß gegen Gottes Gebot (495,7: „aver sin vormetenheit nam ome sin levent, do he dat gebot goddes in der overicheit vorachtede. Romanorum 13“).

37 Vgl. I. Teil, 5. Kap.

38 Vgl. I. Teil, 5. Kap., Anm. 6.

39 Angesichts der Beziehung, die für ihn zwischen dem Satan und den Anhängern der neuen Lehren bestand, hätte eine solche Schlußfolgerung naheliegen können. Er mag sie wegen der damit verbundenen Gefahr, das Amt der Obrigkeit überhaupt in Frage zu stellen, gescheut haben. Niemals ging er über harten Tadel der Inhaber von Obrigkeit hinaus (530,24).

40 Vgl. 170,31 („Wen de leien de geistlichen schatten, dat bekumpt one selden wol“); 171,3 („Wente got den wertlichen vorbut psalmo 104: ‚Nolite tangere christos meos,‘ se schullen ore hant der straffe an de gesalveden nicht strecken“. Vgl. 73,4 (Oldecop billigt keineswegs die ablehnende Haltung, welche die geistlichen Fürsten gegenüber einer finanziellen Unterstützung Kaiser Maximilians I. eingenommen hätten).

träger freilich ebenfalls von dem allgemeinen Verfallsprozeß ergriffen waren, ragte gleichsam aus der Zeit der alten Ordnung in eine aus den Fugen geratene Welt hinein. Sie symbolisierte für ihn noch den „Ordo“ des Mittelalters. Er identifizierte mit der katholischen Kirche Ehrlichkeit, Gehorsam, Liebe und andere Werte, die einstmals unter den Menschen gegolten hätten[41]. Daß er ihr treu blieb, geschah nicht zuletzt aus solchen traditionalistischen Motivationen. Sie erwiesen sich zu einer Zeit, in der die Glaubensimpulse der katholischen Reform noch kaum wirksam geworden waren, als wichtige Stütze für den alten Glauben.

[41] 283,23: „... de erlicheit der hilligen catholischen kerken, gehorsam, leve und truwe ...“

IV. Teil

DIE BEURTEILUNG DES VERHÄLTNISSES DER KATHOLISCHEN KIRCHE ZU DEN NEUEN LEHREN

1. Kapitel

Das Verständnis Oldecops vom Konfessionsbildungsprozeß des 16. Jahrhunderts

Im folgenden soll untersucht werden, wie sich die Herausbildung konfessionell unterschiedener Kirchentypen, die mit zu den Hauptvorgängen der europäischen Geschichte im 16. Jahrhundert gehört[1], im Bewußtsein des Chronisten niederschlug.

Oldecop zog einen scharfen Trennungsstrich zwischen der alten Kirche und den neuen Lehren: in seinen Augen konnte nur die katholische Kirche Heilsvermittlerin sein[2], denn in ihr allein walte der Heilige Geist — den umgekehrt die religiösen Neuerungen vindizierten. Dieser absolute Anspruch schloß für den Chronisten die Vorstellung von einer Pluralität von Konfessionen aus. Es gab für ihn nur die e i n e Kirche. Alle übrigen religiösen Bewegungen betrachtete er als „Sekten", hinter denen der Satan stehe. In besonderem Maße galt dies für die neuen Lehren seines Zeitalters[3].

Eine Befangenheit zugunsten der katholischen Kirche ist in seinen Aufzeichnungen durchgängig zu erkennen. Er unterließ es z. B., Nachrichten von mitunter höchst dubios erscheinenden altgläubigen Gewährsmännern, die den konfessionellen Gegner in ein schlechtes Licht rückten, auf ihren Quellenwert hin zu prüfen[4]. Andererseits begegnete er Berichten aus der Feder von Andersgläubigen stets voller Mißtrauen[5]. Die Glaubensspaltung bewirkte — wenn auch in einseitiger Richtung — eine Schärfung seines verhältnismäßig gering entwickelten Kritikvermögens, wie er es an konfessionell neutralen Gegenständen bewiesen hatte[6]. Daß er zweierlei Maß

[1] Zeeden, Entstehung 7.

[2] Siehe 468,18 („... bi denen [d. h. den „Sekten"] is nein zalicheit tobekomende, sunder idel vordomnisse und de ewige doet". Vgl. Helding XXVI'.

[3] Siehe auch II. Teil, 3. Kap. (d).

[4] Vgl. z. B. 33,32. Siehe auch II. Teil, 2. Kap. (b).

[5] Vgl. I. Teil, 2. Kap. c, cc (Herkunft der Nachrichten).

[6] Vgl. I. Teil, 3. Kap. c.

an die katholische Kirche und die reformatorischen Lehren legte, zeigt auch die Beobachtung, daß er sich — obwohl er sich keineswegs der Verunglimpfung des konfessionellen Gegners enthielt — darüber beklagte, wenn in ähnlicher Weise die Neugläubigen die Katholiken schmähten[7].

Kirche und „Sekten" bewertete er mit den Kategorien von Wahrheit und Irrtum. Ein zwischen diesen Extremen liegendes, die verschiedenen Konfessionen relativierendes Urteil, wozu sich Ansätze z. B. bei dem Eßlinger Chronisten Dionysius Dreytwein finden[8], gab es für ihn nicht.

Die oben aufgezeigte Kluft wurde durch sein Festhalten am Begriff der Christenheit[9] ein wenig verringert. Er rechnete zu ihr grundsätzlich auch die Anhänger der angeblich vom Satan inspirierten reformatorischen Lehren, wenngleich er unter dem Eindruck der Ereignisse des Tages oder in der Hitze des polemischen Gefechts gelegentlich — vor allem, was die Calvinisten anbetraf — an dieser Zugehörigkeit zweifelte[10]. Neben dem „waren christlichen geloven", den die katholische Kirche vertrat, gab es für ihn außerdem den „gemeinen loven, den wi christen unser ein dem andern to holdende und plichtich ist"[11].

Die Christenheit hob er vor allem gegen die Türken ab, denen die Chronisten der Zeit maßlose Greuel zuschrieben[12]. Obwohl die Christenheit durch die Mißstände beim katholischen Klerus und durch das Treiben der Neugläubigen Gottes Zorn herausgefordert habe, scheint Oldecop letzlich an einen Sieg des Christentums über den Islam geglaubt zu haben[13] — wie er andererseits davon überzeugt war, bei den innerchristlichen Auseinandersetzungen der Zeit stehe Gott auf seiten der katholischen Kirche.

[7] 490,20. Vgl. in diesem Zusammenhang außerdem 389,29; 390,3.

[8] Siehe Dreytwein 95, 250.

[9] Ein Festhalten am Begriff der Christenheit ist im 16. Jahrhundert keineswegs so selten zu beobachten, wie man aufgrund der besonderen Hervorhebung der Einberufungsbulle „Initio nostri" Pauls III. durch Schreiber, Weltkonzil I, S. XXVI meinen könnte.

[10] Vgl. z. B. 284,20; 327,2; 419,23.

[11] 606,9.

[12] Einige Beispiele aus zahllosen: 146,35; 310,28; 437,35 („... slogen de olden alle doet, de kleinen kinder alle geslachtet, gebraden, gesoden und gefreten, ..."); 658,23. Stereotyp bezeichnete er die Türken als „blothunt und erfvint" der Christenheit (75,17; 582,38). Vgl. L. Widmann 95, Dreytwein 27 u. a. Für ähnlich grausam hielt er die Moskowiter (509,10). Sein Urteil über die Juden: „... se sin listich und vorretlich jegen uns christen alle" (666,7). Siehe auch 509,24; 661,27. Ähnliche Beurteilung der Juden bei Heinrich von Pflummern 164.

[13] 577,15; 589,18.

Die lebhaft empfundene Bedrohung der Christenheit durch die Türken erwies sich als ein Moment, welches die Ausformung seines Bewußtseins von der Glaubensspaltung hemmte.

2. Kapitel

Die Überlegungen des Chronisten über Möglichkeiten einer Beilegung der konfessionellen Spaltung

a) Die Ablehnung theologischer Vermittlungsversuche

Die Haltung der katholischen Theologen des 16. Jahrhunderts war in der Frage der Disputationen durchaus gespalten[1]. Aufgrund seiner Gewißheit von der alleinigen Richtigkeit und Verbindlichkeit der katholischen Lehre, hinter der für ihn der Heilige Geist stand[2], mußte Oldecop ein Gespräch mit den seines Erachtens vom Satan verführten Andersgläubigen[3] als gleichberechtigten Partnern von vornherein ablehnen. Die Folge von Glaubensgesprächen konnte in seiner Sicht nur ein Zerreden und Preisgeben der eigenen Glaubenswahrheiten sein[4]. Ganz abgesehen davon hätte er eine theologische Einigung *allein* niemals für ausreichend gehalten[5]. Sie hätte ergänzt werden müssen durch eine Rückkehr der Neugläubigen zu den innerweltlichen Werten, welche für ihn die katholische Kirche symbolisierte[6].

Zu einer Union mit den neuen Lehren unter Preisgabe katholischer Glaubenssubstanz war er nicht bereit. Vielmehr galt es, diese bis zum Verschwinden der „neuen Sekten" aus der Welt möglichst unversehrt zu erhalten. Einen Kompromiß auf theologischem Felde gab es für Oldecop nicht. Er läßt sich somit nicht als „Vermittlungstheologe" klassifizieren[7].

b) Der Glaube an den Triumph der katholischen Kirche über die „Sekten"

Trotz seiner pessimistischen Einstellung über den Lauf der Welt sah Oldecop der Zukunft der katholischen Kirche nicht ohne Hoff-

[1] Lortz, Reformation II, 168f.
[2] Vgl. III. Teil, 4. Kap. (b).
[3] Vgl. II. Teil, 5. Kap. (c).
[4] Außerdem sah er in Religionsgesprächen nur Verzögerungsmanöver der Lutheraner (204,20).
[5] Siehe II. Teil, 4. Kap. (c).
[6] Siehe III. Teil, 4. Kap. (e).
[7] Dasselbe dürfte auch für Heinrich von Pflummern, Clemens Sender und Leonhart Widmann zutreffen.

nung entgegen[8] — wenngleich ihn gelegentlich unter dem Eindruck der Ereignisse des Tages düstere Zukunftsvisionen überkamen[9]. Ebensowenig wie Heinrich von Pflummern und Clemens Sender glaubte er an ein unbegrenztes Fortbestehen der neuen Lehren[10]. Vielmehr war er davon überzeugt, daß diese nach Erfüllung ihres Strafzweckes wieder aus der Welt verschwinden würden. Voraussetzung dafür war, daß Gottes Zorn besänftigt werde[11]. Dazu aber bedurfte es einer inneren Umkehr der Menschen, insbesondere des katholischen Klerus. Da der Chronist bei diesem noch keine Anzeichen einer durchgreifenden Besserung glaubte erkennen zu können, mag er nicht mit der Beilegung der Glaubensspaltung in naher Zukunft gerechnet haben[12].

Seine Zuversicht, daß die katholische Kirche letztlich über die Sekten triumphieren werde, wurde vor allem von der Gewißheit genährt, Gott stehe hinter der alten Kirche, nicht aber hinter den neuen Lehren[13]. Nach Auffassung des Hildesheimer Dechanten bezweckte Gott mit den religiösen Neuerungen nur eine vorübergehende Züchtigung der katholischen Kirche[14]. Im Gegensatz dazu aber hätten die vom Satan regierten „Sekten" und ihre Anhänger gänzliche Vernichtung zu gewärtigen[15]. Durch ihr Treiben hätten sie in besonderem Maße Gottes Zorn auf sich gelenkt.

Sein Optimismus in bezug auf die Zukunft der katholischen Kirche wurde bestärkt durch den Blick in ihre Vergangenheit: trotz ständiger Heimsuchungen durch Häresien hatte sie bereits länger

[8] Umgekehrt zeigten protestantische Chronisten Zuversicht für die Zukunft der von ihnen vertretenen Lehre (vgl. z. B. Sastrow, II, 647ff.).

[9] 468,2 [1559]: „Und keme Machomet mede an des kalves dans (...), so wart gans Europe in groter far stan des waren christlichen und catholischen geloven; ... Und also mochte denne dat luthersche kalf [gemeint ist der Calvinismus] und machometische hunt eins werden und vordelgen alle secten, von doctor Martino Luther hergekomen; und denne moten de oberigen und waren catholischen christen dem kalve und hunde to dem crutze krepen."

[10] Vgl. Heinrich von Pflummern 163, Clemens Sender 209, Michael Helding XXV.

[11] Vgl. 119,4.

[12] Siehe 151,34.

[13] Vgl. III. Teil, 4. Kap. (b).

[14] 241,27: „De geistlichen hebben eine verfolginge umme orer sunden willen vordeinet. Aver eine vorfolginge is neine ewige vorstoringe. In deme, so se rechte bote doen, wart de vorfolginge den tirannen und sectenmesters up orem hovede berauwen, ... Wente got wart nicht in ewicheit torn over sine kerken, de Christus Jesus mit sinem hilligen und durbaren blode gewoschen und erloset heft." Siehe Berthold von Chiemsee 634: „Got wird sy [die Kirche] aber dannoch nit gar ausztilgen noch von der warhait fallen, noch das schiffel petri gar vndergehen lassen, ... ". Ob Oldecop mit einer Beilegung der Glaubensspaltung noch zu seinen Lebzeiten rechnete, wird nicht deutlich.

[15] Vgl. unten Anm. 17.

als ein Jahrtausend in der Welt bestanden. Daraus folgerte er, daß sie auch die Bedrohung durch die „Sekten“ der Gegenwart überleben würde[16].

Über die Art und Weise einer Aufhebung der Glaubensspaltung sprach er nur in recht allgemein gehaltenen Wendungen. Er meinte zum Beispiel, die neuen Lehren würden wie ein Rauch verschwinden[17]. Die zahlreichen Lehrdifferenzen zwischen den verschiedenen reformatorischen Lehren ließen in ihm die Hoffnung aufkommen, diese würden sich gegenseitig „vertilgen“[18].

Er hoffte außerdem darauf, den Anhängern der Reformation würde irgendwann die Einsicht in die alleinige Richtigkeit der katholischen Lehre aufgehen, und sie würden aus freien Stücken zerknirscht in den Schoß der alten Kirche zurückkehren[19]. Gleichzeitig damit mußten sie allerdings das rechtswidrig erworbene Kirchengut zurückgeben[20] und sich außerdem wieder in die altüberkommene innerweltliche Ordnung einfügen[21].

Aus der anerkennenden Beurteilung, welche Oldecop und Heinrich von Pflummern Personen zuteil werden ließen, die nicht verstockt in ihrem Glaubensirrtum verharrten, sondern den Weg zur katholischen Kirche zurückfanden[22], wird deutlich, daß die Chronisten zu großmütigem Verzeihen bereit waren.

[16] Siehe II. Teil, 5. Kap. (a).

[17] 530,34; 617,26: „Sectae bonam causam non habent, sed finaliter cum Arrianis ad fumum vadunt.“ Vgl. 284,12; 643,9.

[18] 437,9: „... so wart de vormalediede sone Calvinus sinen vorflokeden vader doctor Martinum Lutherum mit gewalt, listen und geferfter lere erworgen und an sik binden und samptlich denne in den afgrunt vallen.“

[19] 75,31: „Were derhalven beter, einen geringen hoen ober sik to nemen und ilden wedder to orer moder, de hilligen christlichen kerken, mit oren weinenden ogen, upgerichteden und gefolleden handen to godde ... “ Vgl. 468,11.

[20] 335,16.

[21] 75,34: „... und nemen wedderumme de rechten christlichen lere des hilligen evangelii mit einem fromen, hilligen und dogentsamen levende gegen got und sinen negesten.“

[22] 557,30. Siehe Heinrich von Pflummern 162.

3. Kapitel

Die Notwendigkeit eines vorübergehenden Zusammenlebens mit Andersgläubigen

Inmitten einer protestantischen Umwelt konnte der Hildesheimer Dechant den Umgang mit Andersgläubigen nicht vermeiden. Aus seiner Chronik geht freilich kaum hervor, wie er sich ihnen gegenüber im Alltag verhielt[1].

Im Interesse der Selbstbehauptung des Katholizismus blieb ihm angesichts der bestehenden konfessionellen Verhältnisse in seiner Heimatstadt nichts anderes übrig, als sich auf ein Zusammenleben mit den Lutheranern einzustellen[2].

Seine Unnachgiebigkeit im Bereich der Lehre schloß Überlegungen darüber nicht aus, wie man sich im täglichen Leben mit den Neugläubigen arrangieren könne. Bezeichnenderweise berichtete er von reichsrechtlichen Festlegungen über das Zusammenleben der Konfessionen höchstens am Rande[3]. Im Grunde seines Wesens mochte er solche Versuche wegen der damit verbundenen Gefahr einer Aufwertung des konfessionellen Gegners abgelehnt haben. Er bejahte sie nur insoweit, als sie der Erhaltung des Friedens und der Behauptung der katholischen Sache förderlich schienen. Für die Duldung des katholischen Glaubens in vorwiegend protestantischen Gebieten war er notfalls sogar bereit, finanzielle Opfer zu bringen[4].

Bei aller dogmatischen Härte seines Standpunkts zeichnete sich in den sechziger Jahren des Jahrhunderts angesichts des an Boden gewinnenden Calvinismus eine mildere Beurteilung des Luthertums durch Oldecop ab[5]. Möglicherweise hatte er den Eindruck gewonnen, daß dieses bereits den Höhepunkt seiner Ausbreitung überschritten hatte[6]. Zu dieser Haltung mochten außerdem eine gewisse Gewöhnung an den konfessionellen Gegner aufgrund vieljährigen Zusammenlebens sowie der Eindruck beigetragen haben, die konfessionellen Verhältnisse hätten sich in Hildesheim bis zu einem gewissen Grad konsolidiert[7]. Daß er zwischen Luthertum und Calvinismus hinsichtlich der Gefährlichkeit für den alten Glau-

[1] Siehe II. Teil, Vorbemerkung. Vgl. allenfalls 456,3 (könnte auf Umgang mit Anhängern der Reformation deuten). Über Beziehungen zu Andersgläubigen berichtet Lucas Geizkofler (Selbstbiographie [1550—1620] hrsg. v. A. Wolf, Wien 1873), vgl. 74f., 91ff., 124.

[2] Siehe auch IV. Teil, 2. Kap. (b).

[3] 236,35 (Speyer 1544); 283,1 (Augsburg 1548); 525,26 (allgemein). Den Augsburger Religionsfrieden von 1555 erwähnte er nicht.

[4] Die katholischen Geistlichen sollten „der kerken gudere nicht so untuchtich umbringen, sundern velever sik dar frede mede kopen und hebben de to frunde (ane afbrock der catholischen religion), dar se bi wonen und krepen dar under her, dar se nicht overspringen mogen“ (74,27). Vgl. 402,19.

[5] 529,30 [1563]: „De lutherschen weren to dere tit de litligesten und bequemsten; wente se heilden jo de hende und leten de catholischen und waren kristen bi sik wonen und hengan.“ Siehe auch 226,6; 451,38; 596,33.

[6] Zeeden, Entstehung 17.

[7] Vgl. dazu den — allerdings nur bedingt wirksamen — Vergleich zwischen

ben differenzierte, stand zugleich in Einklang mit seinem geschichtstheologischen Verständnis der Reformation: zur Störung des göttlichen Heilswerks sandte der Satan unaufhörlich bedrohlichere und verwerflichere „Sekten“ in die Welt[8].

Bei aller Milde im menschlichen Bereich[9] war Oldecop zu Konzessionen in Fragen der Lehre ebensowenig bereit wie Heinrich von Pflummern. Das Bemühen des Hildesheimer Chronisten um „Koexistenz“ im täglichen Leben darf nicht mit Nachgiebigkeit oder „Toleranz“ im theologischen Bereich verwechselt werden. Hier bestanden unüberbrückbare Gegensätze.

dem Bischof und der Stadt Hildesheim vom 22. Nov. 1562 (siehe Bertram II, 229, außerdem 237).

[8] Siehe II. Teil, 3. Kap. (d). Der lutherischen Lehre haftete in seinen Augen die Schmach an, „Mutter“ aller später entstandenen „Sekten“ zu sein (527,30).

[9] 631,31.

Schlußbemerkung

Im Unterschied zu Chronisten des 16. Jahrhunderts in der Art eines Dietrich Westhoff schilderte Johan Oldecop in seinen chronikalischen Aufzeichnungen nicht nur das Geschehen seiner Zeit in seiner ganzen Vielfalt, sondern setzte sich zugleich leidenschaftlich mit der Reformation auseinander und verteidigte entschieden den katholischen Glauben.

Sein Werk spiegelt die Gedanken und Stimmungen eines ganzen Lebens. Sein Denken, das sich in fest umrissenen Bahnen bewegte, zeigt eine bemerkenswerte Konstanz.

Der weitgereiste Chronist, dessen Wege sich mit denen Martin Luthers und des Erasmus von Rotterdam gekreuzt hatten, war im Vergleich zu seinen Zeitgenossen überdurchschnittlich gebildet. Dennoch war sein Wissen oftmals oberflächlich und reichte kaum in die Tiefe.

Die Anhaltspunkte über die Inhalte und Formen seiner Frömmigkeit lassen erkennen, daß er gleich anderen Chronisten aller Konfessionen unter Anwendung menschlicher Denk- und Urteilsformen kurzschließend den göttlichen Willen zu ergründen suchte. Die Menschen konnten nach seiner Überzeugung durch Verrichten zahlreicher guter Werke Gott versöhnen. Für das Ringen Luthers um die Gewißheit der Gnade zeigte Oldecop keinerlei Verständnis. Seine lebhafte Teufelsvorstellung war typisch für sein Zeitalter.

Sein festgefügtes Weltbild, das sich in wenigen Strichen nachzeichnen ließ, war von der damals weitverbreiteten Ansicht von einer zunehmenden Verschlechterung der Zeiten geprägt. Hinter diesem Denkschema mochte bei Oldecop letztlich die — freilich undeutliche — Ahnung eines fortschreitenden Säkularisierungsprozesses gestanden haben.

Der ausgesprochen „konservative" Chronist hielt zäh am Altüberkommenen fest. Angesichts der mannigfachen Erschütterungen seines unruhigen Zeitalters sehnte er sich in eine idealisierte Welt der Vergangenheit zurück, wie sie objektiv nie bestanden haben mochte. Diese rückwärtsgewandte Blickrichtung, die bei vielen seiner alt- und neugläubigen Zeit- und Bildungsgenossen zu beobachten ist, verhinderte eine offene und vorurteilsfreie Auseinandersetzung mit den Neuerungen der Gegenwart. Die Ordnungslosigkeit der Zeit manifestierte sich ihm und anderen katholischen Autoren am stärksten in der Reformation.

Mit dieser Bewegung setzte er sich vordergründig auf einer Ebene persönlicher Verunglimpfung des konfessionellen Gegners auseinander. Dabei bediente er sich eines reichhaltigen Vokabulars derb-drastischer Schmähworte, wie sie in der konfessionellen Auseinandersetzung auf beiden Seiten benutzt wurden.

Solche polemischen Urteile weisen gleichzeitig in geschichtstheologische Bereiche. Oldecop interpretierte die Glaubensspaltung als Strafe Gottes für die Verschlechterung der Menschen, insbesondere für die beim katholischen Klerus eingerissenen Mißstände. Die Durchführung dieser Züchtigung oblag seiner Ansicht nach dem Satan, der seinerseits versuchte, mit Hilfe der von ihm ins Leben gerufenen neuen Lehren das göttliche Heilswerk zu durchkreuzen. Umgekehrt vermuteten protestantische Chronisten den Satan hinter der katholischen Kirche. Alt- und neugläubige Autoren unterschieden sich mithin oftmals nur an den Vorzeichen, mit denen sie eine grundsätzlich gleiche Betrachtungsweise versahen. Auch Luther erfaßte der Hildesheimer Dechant mit geschichtstheologischen Kategorien: er bezeichnete ihn als Kind des Teufels.

Außerdem beurteilte er die Glaubensspaltung vorrangig unter dem Gesichtspunkt der Störung der innerweltlichen Ordnung. Für den noch dem mittelalterlichen Ordodenken verhafteten Chronisten fielen dabei „säkulare" und transzendentale Argumentationsebenen in eins.

Hinter den genannten Betrachtungsebenen trat die theologische Auseinandersetzung mit den neuen Lehren zurück.

In seinem Kampf gegen die Reformation bediente er sich primär des Argumentationsmaterials, das sich im Laufe der Zeit auf katholischer Seite herausgebildet hatte[1]. Die Entschiedenheit, mit der er seine Ansichten vorbrachte, läßt erkennen, daß er von ihrer Schlüssigkeit zutiefst überzeugt war.

Auch bei der Beurteilung der katholischen Kirche seines Zeitalters stand er ganz unter dem Eindruck der Reformation. Daß seine Kritik an der alten Kirche verhältnismäßig milde ausfiel, dürfte nicht zuletzt durch die zahlreichen Angriffe der Reformatoren gegen die katholische Kirche bedingt gewesen sein. Kampf für die eigene Kirche war für ihn weitgehend identisch mit der Abwehr der reformatorischen Bewegung.

Seine Vorstellungen über die Inhalte des katholischen Glaubens waren z. T. einseitig und deckten sich nicht in allem mit den vom Tridentinum herausgearbeiteten Glaubensdekreten[2]. Diese Einsei-

[1] Vgl. Lortz, Reformation II, 166.

[2] Vgl. z. B. seine einseitige Auffassung von der Rechtfertigung (siehe Teil III, 3. Kap., c, cc).

tigkeit unterschied ihn von bedeutenden katholischen Theologen in vortridentinischer Zeit[3]. Allerdings muß man ihm zugute halten, daß er trotz der damals oft weitreichenden Glaubensverwirrung[4] klare Ansichten über das katholische Glaubensgut hatte.

Die Glaubensspaltung bewirkte auch eine Besinnung der Chronisten auf das Wesen der katholischen Kirche. Solange es nur die eine Kirche gegeben hatte, hatten sie nicht darüber reflektiert. Als sich davon jedoch die neuen Lehren abspalteten, lenkten sie den Blick auf die alte Kirche und grenzten sie von den „Sekten" ab. Allein die katholische Kirche vertrat für sie die wahre Lehre, denn nur in ihr walte der Heilige Geist — den umgekehrt die neuen Lehren für sich beanspruchten.

Außerdem verknüpfte Oldecop mit der alten Kirche die Vorstellung von einer geordneten Welt. Die katholische Kirche ragte gleichsam aus der Zeit der alten Ordnung in eine aus den Fugen geratene Welt hinein und verkörperte für ihn noch einen Rest des mittelalterlichen „Ordo". Die Identifizierung von katholischer Kirche und innerweltlicher Ordnung erschwerte einerseits jede Möglichkeit einer Verständigung mit den gegnerischen Konfessionen, erwies sich andererseits aber als wichtige Stütze für den Katholizismus in vortridentinischer Zeit.

Der absolute Anspruch, den der Chronist für den eigenen Glauben erhob, schloß jeden Gedanken an eine Pluralität von Konfessionen aus. Neben der einen und wahren Kirche gab es für ihn nur „Sekten". Diese scharfe Kluft wurde dadurch ein wenig verringert, daß er im Unterschied zu anderen katholischen Kontroverstheologen[5] grundsätzlich auch die Anhänger der neuen Lehren noch zur Christenheit rechnete.

Im dogmatischen Bereich war der Hildesheimer Dechant ebensowenig wie Heinrich von Pflummern und — soweit erkennbar — auch Clemens Sender und Leonhart Widmann zu Konzessionen bereit. Nach der Typologie von J. Lortz zählt er nicht zu den humanistischen oder scholastischen Irenikern, sondern vielmehr zu jenem „festen Typ", der innerlich kaum vom Humanismus berührt war[6].

Man darf ihn somit nicht als „Vermittlungstheologen" klassifizieren. Nur die freiwillige Rückkehr der Anhänger der neuen Lehren zur alten Kirche — ohne Preisgabe katholischer Glaubenssubstanz — sah er als befriedigende Möglichkeit einer Beilegung

[3] Z. B. von Berthold von Chiemsee.
[4] Zeeden, Entstehung 72.
[5] Lortz, Reformation II, 191f.
[6] Lortz, Reformation II, 199f.

der Glaubensspaltung an. Anders als Heinrich von Pflummern war der pragmatisch denkende Oldecop jedoch zu gewissen Konzessionen im täglichen Leben bereit.

Sein eigentliches Verdienst besteht darin, daß er inmitten einer protestantischen Umwelt die katholische Sache zäh verteidigte und mithalf, ihren gänzlichen Untergang zu verhindern. Er trug zur Erhaltung von Keimzellen katholischen Lebens bei, denen durch die katholische Reform zu einer neuen Entfaltung verholfen werden mochte.

Oldecop unterschied sich von anderen altgläubigen Chronisten (etwa vom Typ eines Leonhart Widmann) weithin nur in quantitativer Hinsicht: er legte seine Gedanken über den Lauf der Welt, die Reformation und die katholische Kirche des 16. Jahrhunderts weit ausführlicher dar als jene. Wie in der vorliegenden Untersuchung zu zeigen versucht wurde, bestanden in sachlicher Beziehung zahlreiche Berührungspunkte und Übereinstimmungen.

Im Gesamtbild der katholischen Theologie des 16. Jahrhunderts zählt der Hildesheimer Dechant zu den Theologen, die noch weitgehend in der Defensive gegenüber den Angriffen der neuen Lehren standen. Der Abwehrkampf, den er — nicht immer mit taktischer Beweglichkeit — gegen die Reformation führte, nahm seine volle Aufmerksamkeit in Anspruch. Von dem sich seit etwa 1560 verstärkt abzeichnenden Willen, dem Protestantismus etwas Positives entgegenzustellen[7], ist bei ihm nur wenig zu bemerken. Ein Ansatz zur positiven Theologie ist weitaus deutlicher zu erkennen in den über ein Jahrzehnt früher entstandenen Aufzeichnungen Heinrichs von Pflummern — ganz zu schweigen von den Werken eines Berthold von Chiemsee.

Oldecops Seh- und Denkweisen waren wesentlich von seiner Konfessionszugehörigkeit geprägt. Zur Abrundung des hier gezeichneten Bildes müßten neben den in der vorliegenden Arbeit behandelten „orthodoxen" Geistern vor allem die Stimmen humanistischer Ireniker und spiritualistischer Autoren zu Gehör gebracht werden, bei denen eine die verschiedenen Konfessionen relativierende Betrachtungsweise zu erkennen ist.

[7] Zeeden, Entstehung 120.

ORTS- UND PERSONENREGISTER

Erläuterungen: In der Arbeit häufig wiederkehrende Namen und Begriffe wie Johan Oldecop, Katholiken, Katholizismus, Lutheraner, Luthertum, neue Lehren, Protestantismus und Reformation wurden nicht aufgenommen. Die angeführten Seitenzahlen verweisen auf Stellen im Text und in den Anmerkungen.

SACHREGISTER

(Erläuterungen siehe beim Orts- und Personenregister)